LE DESTIN DU MALI AVEC ASSIMI GOÏTA

LE DESTIN DU MALI AVEC ASSIMI GOÏTA

Dr. François Adja Assemien

Copyright © 2023 by Dr. François Adja Assemien.

All rights reserved. No part of this book may be reproduced in any form or by any electronic or mechanical means, including information storage and retrieval systems, without permission in writing from the author and publisher, except by reviewers, who may quote brief passages in a review.

ISBN: 978-1-961096-69-1 (Paperback Edition)
ISBN: 978-1-961096-70-7 (Hardcover Edition)
ISBN: 978-1-961096-68-4 (E-book Edition)

Book Ordering Information

The Regency Publishers, US
521 5th Ave 17th floor NY, NY10175
Phone Number: (315)537-3088 ext 1007
Email: info@theregencypublishers.com
www.theregencypublishers.com

Printed in the United States of America

Table des matières

Du Même Auteur vii
Introduction ix
1 Le Mali Médiéval 1
2 Le Mali Et Son Indépendance 5
3 Modibo Keïta Et L'émancipation Du Mali 9
4 Le Mali Et Ses Crises Post-Indépendance 12
5 L'assassinat De Kadhafi Et Le Sahel 16
6 L'Occident Et Le Djihadisme Au Sahel 22
7 Assimi Goïta Et La Conscience Africaine 27
8 Le Mali Et La Fierté Africaine 32
9 Le Mali A-t-il Retrouvé Sa Souveraineté? 38
10 Assimi Goïta mène -t-il Une Lutte Exemplaire? 44
Conclusion 49

Annexes

Annexe 1: Politique, Etat, Démocratie 55
Annexe 2: 60
Annexe 3: La Charte De L'impérialisme 65
Résumé Du Livre 71
Biographie De L'auteur 73

DU MÊME AUTEUR

Les Rebelles Africains, roman, Edilivre, 2016
Les Règles d'or du bonheur, du succès, de la santé et du salut personnels, Edilivre, 2016
Introduction à la philocure, essai, Edilivre, 2016
L'Afrique interdite, roman, Edilivre, 2016
Le Monde ne vaut rien, essai, Edilivre, 2016
La Côte d'Ivoire a mal, essai, Edilivre, 2018
Président Donald Trump et les Africains, essai, Edilivre, 2020
L'Art de vivre en Amérique, guide, Edilivre, 2016
Education morale et spirituelle, Edilivre, 2016
La Conscience Africaine, essai, Edilivre, 2016
Thomas Sankara comme Thomas More et Socrate, essai, Ouagadougou, 2020
Ahikaba, roman, Mary Bro Foundation Publishing, London, 2018
Code électoral, satire, Black Stars, 1995
Portrait du bon et du mauvais électeur, du bon et mauvais candidat, essai, Black Stars, 2000
La Côte d'Ivoire et ses étrangers, essai, Black Stars, 2002
La Pensée politique pour sauver la Côte d'Ivoire, essai, Afro-Star, 2003
Le Guide africain de philosophie, de sciences humaines et d'humanisme, Abidjan, 1985

L'Afrocratisme contre le nouvel ordre mondial, essai, The Regency Publishers, 2022
The Current slavery in Africa, Global Summit House, 2000
Corona virus, essay, Global Summit House, 2000
Let's save humanity and life, Global Summit House, 2021
La Puissance des femmes américaines, GoldTouch Press, 2021
The Power of American women, essay, GoldTouch Press, 2021
Philosophy about life, essay, Global Summit House, 2021
La Philosophie de l'esprit africain, essai, L'Harmattan, 2021
America is Paradise, essay, Author's Note, 360, 2021
La Volonté du bonheur, essai, The Regency Publishers, 2023
Le Mali de Assimi Goïta et la révolution africaine, essai, Great Writers Media, 2022
La Philosophie de la puissance américaine, essai, The Regency Publishers, 2023
Les Onze maux de la Côte d'Ivoire, essai, Afro-Star, Abidjan, 2005
Les Buts et les dangers des vaccins covid, essai, The Regency Publishers, 2022

INTRODUCTION

Nous abordons la question cruciale de la relation conflictuelle entre le Mali du colonel Assimi Goïta et la France. Le Mali et les autres pays africains sont au face à face avec le péril franco-occidental. C'est un fait historique qui date de depuis l'époque des rois européens et africains. Cette longue histoire est parsemée de drames, de tragédies. Citons, par exemple, la conférence honteuse de Berlin (1884-1885) au cours de laquelle l'Afrique a été partagée comme un gâteau aux pays européens esclavagistes et impérialistes. Depuis lors, l'Afrique est demeurée une proie facile ou un butin de guerre, de conquête pour tous ces prédateurs, vautours, charognards insatiables. Aujourd'hui, les données ont changé. Certaines victimes crient haut leur ras-le-bol. Elles disent NON à leurs bourreaux gourmands et impénitents. C'est, notamment, le cas du Mali du colonel Assimi Goïta.

Le NON du colonel Assimi Goïta est très retentissant. C'est effrayant. C'est historique. C'est original. Pourquoi ? Parce que cela est très méthodique, tactique, stratégique. Le colonel Assimi emploie les moyens de son époque. Il est de son temps. C'est un guerrier moderne, professionnel, hors pair. Il est opiniâtre, intrépide. Il n'est pas Kankan Moussa, Samory Touré, Thomas Sankara, Béhanzin, Patrice Lumumba, Mouammar Kadhafi, Kwame Nkrumah, Sylvanus Olympio, Sékou Touré, Modibo Keïta et autres. Ces derniers sont nos martyrs. Paix à leurs âmes ! Nous continuons de les pleurer. Ils sont morts pour la bonne cause, pour la cause africaine, pour leur patriotisme. Nous ne les oublierons jamais. Nous ne trahirons jamais leur mémoire. Gloire et hommage à eux ! Leurs bourreaux ont affaire à nous. Justice doit être faite et elle sera faite tôt ou tard.

Le Président Assimi Goïta prend la relève de ces valeureux combattants que nous avons perdus. C'est un digne fils continuateur. Il doit achever le travail laissé par ses devanciers. Il doit éviter toute erreur qui provoquerait l'échec, la défaite et coûterait la vie à des Maliens-Africains, y compris la sienne. Nous ne voulons plus d'autres lions morts en Afrique. Nous sommes fatigués de pleurer des morts en Afrique. Nous voulons l'ASSIMISME éternel. L'ASSIMISME est politique, économique, militaire, idéologique, culturel, social, spirituel. C'est une ECOLE complète. Cela inspire et forme la nouvelle génération d'Africains qui cherche son repère positif, son leader idéal, son modèle idoine, qui aspire à une Afrique nouvelle dans un monde nouveau, multipolaire. Le combat du colonel Assimi est tellement noble et glorieux. C'est un combat complet, global et multiforme. Il est fondamentalement moral, éthique, géopolitique, géostratégique, géo-économique, géoculturel, géo-philosophique. C'est une partie intégrante de la guerre mondiale de civilisation que mène le Président russe, M. Vladimir Poutine contre les prédateurs oligarques et impérialistes occidentaux. Le monde unipolaire doit disparaître avec ses anti-valeurs comme transhumanisme, eugénisme, covid-19, pédo-satanisme, terrorisme bactériologique, géologique, homosexualité, zoophilie, nécrophilie, génocide planétaire, antinatalisme, réduction de la population mondiale, bellicisme, colonialisme, esclavagisme, impérialisme. La guerre contre le nouvel ordre mondial ou la nouvelle normalité des oligarques capitalistes, francs-maçons (mafia internationale) est juste et légitime. C'est une guerre sacro-sainte, salvatrice, bénéfique pour tout le monde.

Il appartient donc à tous les pays africains de suivre l'exemple malien actuel, d'appliquer l'Assimisme, de profiter sagement de cette troisième guerre mondiale hypocrite pour se décoloniser, se libérer, s'émanciper. Il leur appartient de combattre ensemble la domination occidentale, étrangère tous azimuts. Le temps de la grande révolution salvatrice pour tout le monde est arrivé. Le colonel Assimi Goïta a donné le ton ou le coup d'envoi du grand combat patriotique, panafricain, pour la conquête de la souveraineté et de la renaissance africaines. L'union fait la force, la puissance, le bonheur, la dignité, le salut. L'union fédérale des 54 Etats-nations d'Afrique, formant les Etats-Unis d'Afrique, fera, à coup sûr, la force, la puissance, la prospérité, le bonheur, la sécurité, la paix des Africains. « Africa must unit », a dit le docteur Kwame Nkrumah, philosophe, premier Président et fondateur du Ghana moderne (martyr de la cause panafricaine). L'union fédérale continentale est l'arme la plus sûre ou la bombe nucléaire la plus puissante que les Africains doivent utiliser contre leurs ennemis multiséculaires. Cela est absolument dévastateur, redoutable et terrifiant. Le colonel Assimi Goïta et ses pairs Présidents patriotes, panafricanistes, nkrumahistes, kadhafistes, lumumbistes, modiboïstes et sékoutouréistes doivent s'unir profondément dans ce projet glorieux et unir leurs pays respectifs à cette fin.

Le panafricanisme est vraiment à l'ordre du jour. Et il est indispensable. C'est un patriotisme vital, responsable. Il conditionne, détermine et garantit le présent et l'avenir de tous les Africains. Les combats passés et présents du Mali d'aujourd'hui sont des phares pour l'Afrique. C'est éclairant. C'est une boussole, une école pour la vie, qui nous enseigne la sagesse politique. Cela nous sert à combattre les méfaits, les dégâts de la géopolitique, de la géostratégie, de la mafia internationale et endogène. L'Afrique a cruellement et absolument besoin d'Assimisme pour être libérée, sauvée, développée, puissante, heureuse, respectée, souveraine et en paix. Un peuple qui veut la paix, la respectabilité, la sécurité, le progrès, la grandeur, doit préparer la guerre juste, défensive, prospective. Il doit se faire craindre et redouter par les prédateurs impérialistes, colonialistes, esclavagistes. Il doit se faire lion parmi les lions qui peuplent la jungle qu'est le monde unipolaire, capitaliste, oligarchique. Celui qui se trouve parmi des loups doit hurler comme les loups pour éviter d'être dévoré par les loups. Fais-toi ver de terre et on t'écrasera. Fais-toi piquant et t'évitera.

C'est la loi du monde et de la vie. Cette loi est très bien comprise et appliquée par la Corée du nord, la Chine, la Russie, les USA et autres. Ces pays sont devenus des lions redoutables, redoutés, heureux, prospères, en paix, en sécurité. Tant pis pour leurs victimes ou les nations faibles et pauvres qui n'ont pas encore compris cette leçon très précieuse et vitale. Elles paient cela cache et de leur vie dans le rapport de force qui lie les pays (géopolitique et géostratégie internationales). Les Rois ou les puissants se respectent entre eux. Ils sous-estiment, méprisent et écrasent les esclaves, les faibles. Alors, à quand la puissance africaine? A quand l'armée panafricaine dotée des bombes nucléaires? A quand la monnaie panafricaine? A quand le gouvernement panafricain? Imitons les nations russe, suisse, américaine. A défaut, créons un seul royaume gigantesque, continental ou empire africain. L'Assimisme est la voie royale, le boulevard de cet idéal. Suivons le colonel Assimi Goïta. Il est l'étoile polaire africaine.

1

Le Mali Médiéval

Le Mali a-t-il un passé glorieux? L'histoire du Mali est très longue et complexe. Le Mali a eu un grand et brillant passé politique, géopolitique, institutionnel, économique, culturel et civilisationnel. Cela est très bon à connaître aujourd'hui afin de pouvoir comprendre l'actualité malienne qui est gérée par le colonel Assimi Goïta. L'actualité d'un pays, comme le Mali, a une cause profonde qu'il faut décrypter pour le besoin de notre connaissance. Tout comme les arbres ont leurs racines, les faits qui constituent l'actualité du monde s'expliquent les uns les autres. L'actualité est un épiphénomène qui dérive de l'évolution naturelle et sociétale. C'est la dialectique ou la dynamique de la vie appelée couramment histoire. L'histoire est un mouvement tridimensionnel. Cette triple dimension historique est formée par le passé, le présent et le futur. Dans son passé, le Mali était un empire. C'était le grand empire manding. Celui-ci fut fondé au XIIIe siècle par le nommé Soundiata Keïta, roi du Mande. Cet empire connut son apogée au XIVe siècle. Il fut le berceau de trois grands empires que furent l'empire du Ghana, l'empire du Mali et l'empire songhai. Le Mali est par la suite devenu une colonie française de 1895 à 1960. L'empire du Mali se disloqua en 1076 à la suite des percées des berbères qui islamisèrent l'Afrique occidentale.

Soundiata Keïta élabora la « charte du Manden » qui date de 1222 ou de 1236. Cela correspond au serment qu'il prononça lors de son investiture. C'est l'un des plus anciens textes relatifs aux droits de l'homme. C'est un acte majeur, historique, qui régit les rapports entre les hommes en matière des droits. En 1312, sous le règne de Mansa Moussa, l'empire du Mali s'étendait sur une région comprise entre l'océan Atlantique et le Niger. Son armée comprenait 100000 soldats. Cet empire tient sa grande prospérité du commerce transsaharien du cuivre, du sel, de l'or et des étoffes. Tombouctou, Gao et Djenne furent les centres économiques et culturels de cette civilisation au centre de l'islam soudano-malien. En 1324, le mansa ou roi des rois (Kanga Moussa) deversa une dizaine de tonnes d'or dans l'économie du moyen orient. Il fit baisser pour plusieurs années le cours de l'or. Ce fut lors d'un pèlerinage à la Mecque. Le mot Mali est la déformation de Manden par les Peuls. Les habitants de cette région appellent leur pays Manden. La charte des droits de l'homme s'appelle la charte de Kouroukanfouga. Elle rejette l'esclavage, déclare l'égalité entre les hommes, refuse la guerre.

L'empire du Mali est le premier des grands empires musulmans d'Afrique occidentale. Il a contrôlé cette région du XIIIe au début du XVe siècle. Il avait une solide administration. Il était centralisé et prospère grâce à ses ressources en or. Il a dominé l'Afrique occidentale. Sa capitale était Niani, ville située au nord-est de la Guinée actuelle. Mali signifie «le lieu où vit le roi». Ce nom a été donné par Soundiata Keïta. Le titre honorifique de Soundiata est Mari Diata, ce qui signifie Prince Lion (monarque suprême). Concernant la richesse extraordinaire du Mali, voici ce qui est dit : « Lorsque le roi malien visita le Caire en 1324 EC, il dépensa, ou tout simplement donna, tellement d'or que le prix des lingots chuta de 20 %. De telles richesses déclenchèrent une série sans fin de rumeurs selon lesquelles le Mali était un royaume pavé d'or. En Espagne, vers 1375 EC, un cartographe s'en inspira pour créer la première carte européenne détaillée de l'Afrique de l'Ouest, faisant partie de l'Atlas catalan. Sur la carte, Mansa Moussa porte une impressionnante couronne en or et brandit triomphalement un énorme morceau d'or dans sa main. Les explorateurs européens passeront les cinq siècles suivants à essayer de localiser la source de cet or et la légendaire ville marchande de Tombouctou » (Worldhistory Encyclopedia).

Au regard de tout cela, on peut dire que le Mali médiéval était très puissant. Le passé du Mali était très glorieux et très respecté. L'empire malien a remporté beaucoup de victoires, des victoires économiques, politiques, géopolitiques, militaires. L'empire malien a « dominé » le monde. Il a beaucoup donné à la civilisation mondiale. Il a ajouté beaucoup de choses à l'humanité avec ses écoles, ses universités avant de s'éteindre, de tomber en décadence. L'empire du Mali est comparable à l'URSS. Ces deux entités politiques ont connu à peu près le même sort : grandeur, puissance puis misère et décadence. La toute puissante Union des Républiques Socialistes Soviétiques est morte en laissant place à la Russie que dirige M. Vladimir Poutine. De même, l'empire du Mali est mort en laissant place au Mali dirigé actuellement par le colonel Assimi Goïta. L'URSS était un Etat socialo-communiste. La Russie ne l'est pas. La Russie est plutôt un Etat capitaliste, libéral. De même, le Mali médiéval était une monarchie, un empire. Mais le Mali d'aujourd'hui est une république démocratique, libérale, dirigée par un président et non pas par un roi ni un empereur.

A partir de la balkanisation de l'Afrique par l'Europe, le Mali (ou ce qui reste de l'empire du Mali) est devenu une colonie française. Cela a d'abord été appelé le Soudan français avant de devenir le Mali tout court, l'actuel Mali. C'est une colonie qui va se battre pour être un Etat « indépendant » et « souverain » en 1960. Son premier Président fut Modibo Keïta. La France a conquis progressivement tout le territoire malien : Saboucire en 1878, Kita en 1881, Bamako en 1883, Ségou en 1890, Nion en 1891, Tombouctou en 1894, Sikasso en 1898, Gao en 1899. Cette conquête s'est opérée par la force et par la diplomatie. Les Français ont manipulé les différents royaumes maliens en jouant les uns contre les autres et en leur faisant signer des traités qui n'étaient pas toujours respectés. C'est par la guerre et par leur supériorité militaire que les Français ont conquis les royaumes maliens en réussissant à tuer leurs rois (Niamodi Sissoko, Samory Touré, Babemba Traoré).

2

Le Mali Et Son Indépendance

Comment le Mali est-il arrivé à son indépendance ? La vie politique malienne a débuté en 1945, après la seconde guerre mondiale. La France colonialiste a favorisé la création de plusieurs partis politiques au Mali : Le Parti démocratique soudanais (proche du Parti communiste français), Le Bloc démocratique soudanais (proche de la S F 10 et du P C F), le Parti progressiste soudanais (PSP), le Rassemblement démocratique africain (RDA) , l'Union soudanais -Rassemblement démocratique africain (fusion du Bloc démocratique soudanais et du Parti démocratique soudanais). Mamadou Konaté devient président et Modibo Keïta secrétaire général de ce nouveau parti. Les élites politiques africaines étaient divisées par une question fondamentale. Il s'agit de la question du fédéralisme (panafricanisme). L'Ivoirien Félix Houphouët-Boigny s'oppose à l'idée de fédération. A l'opposé, le Soudanais Modibo Keïta et le Sénégalais Léopold Sédar Senghor soutiennent l'idée de fédération. Le 4 avril 1959, la Fédération du Mali devient officielle. La première assemblée fédérale se réunit à Dakar, sa capitale, le 4 avril 1959. Léopold Sédar Senghor est élu président de l'assemblée et Modibo Keïta devient chef du gouvernement fédéral. Modibo Keïta est désigné président du gouvernement de la Fédération du Mali.

Des négociations entre la France et la Fédération du Mali se tiennent à Paris du 18 janvier 1960 au 4 avril 1960. Des accords remettent aux deux Etats fédérés toutes les compétences détenues par la Communauté franco-africaine. Le Président de la République française était de droit le président de la Communauté. La France participe à la formation des armées fédérales et possède des bases militaires sur leur territoire. Ces accords sont ratifiés par l'Assemblée nationale française le 9 juin 1960 puis par le Sénat le 13 juin. Ils sont ensuite ratifiés par les Assemblées du Sénat et du Soudan qui votent le 14 juin le transfert de leur compétence à la Fédération du Mali dans plusieurs domaines : politique étrangère, défense, monnaie, politique financière et économique commune, contrôle de la justice et de l'enseignement supérieur, organisation générale des transports communs et des télécommunications. L'indépendance est proclamée le 20 juin 1960. Mais les divergences entre les Soudanais et les Sénégalais sont nombreuses. Les Soudanais souhaitent rapidement la fusion entre les deux nations pour n'en former qu'une seule. Ils veulent voir Modibo Keïta être le Président de la Fédération et non pas Léopold Sédar Senghor. La France a empoisonné cette Fédération qui la critiquait et la dérangeait. Le 20 août, l'assemblée sénégalaise proclame l'indépendance du Sénégal en dehors de la Fédération du Mali. Le gouvernement de Dakar reçoit les pleins pouvoirs pour trois mois et l'état d'urgence est proclamé. Les frontières du Sénégal sont fermées et le trafic ferroviaire vers Kayes et Bamako est interrompu. Modibo Keïta est reconduit par train à la frontière soudanaise. Le 5 septembre, Léopold Sédar Senghor est élu président du Sénégal. Le 22 septembre, les Soudanais proclament à leur tour leur indépendance en dehors de la Fédération du Mali mais conservent le nom de Mali pour leur nouveau pays. La Fédération du Mali comprenant le Sénégal et le Soudan est définitivement terminée. Elle a vécu seulement un trimestre. Le 28 septembre 1960, le Mali et le Sénégal sont entrés aux Nations Unies.

Avant d'arriver à l'indépendance, le Soudan français a connu beaucoup de péripéties politiques. Deux collèges ont été créés au Mali au lendemain de la seconde guerre mondiale : l'un pour les citoyens français, les colons, l'autre pour les indigènes. Ce dernier comprend 4 groupes principaux d'électeurs :

1. Les fonctionnaires et les agents de l'administration
2. Les anciens militaires
3. Les notables et les chefs indigènes
4. Les titulaires d'un diplôme de l'enseignement à partir du Certificat d'Etudes Primaires.

Les partis politiques sont créés: le Parti démocratique soudanais est né le 6 janvier 1946, le Bloc démocratique soudanais est né le 26 janvier 1946, le Parti progressiste soudanais est créé le 13 février 1946. Le Rassemblement démocratique africain (RDA) est créé du 18 au 21 octobre 1946. Aux élections législatives de novembre 1946, la liste du PSP obtient 3 députés contre un seul pour l'US-RDA. Mais ce parti arrivera en tête aux premières élections municipales qui ont eu lieu à Bamako le 12 avril 1953 et aux élections municipales du 18 novembre 1956. Modibo Keïta devient le premier maire élu de Bamako. Aux élections pour l'Assemblée territoriale soudanaise de mai 1957, l'US-RDA obtient 35 députés, le PSP 5. A partir de 1959, le PSP et l'US-RDA «fusionnent» pour devenir un parti unique de facto.

Un concept important de la politique française est l'Union française. Cette union est formée de la France métropolitaine, de ses départements et territoires d'Outre-mer et de ses colonies. Chaque territoire a un conseil général. Ses membres sont élus par un double collège. Le conseil général n'a pas de pouvoir de décision. Il a adopté des délibérations à caractère consultatif. Le territoire est géré par un gouverneur. Celui-ci est responsable devant les autorités centrales. Il y a aussi un grand conseil à l'échelon fédéral (Afrique-Equatoriale française et Afrique-Occidentale française). Ce grand conseil de l'AOF a son siège à Dakar. Il comprend 5 membres de chaque territoire. Un gouverneur général et un Haut-commissaire ont autorité sur la fédération. L'Assemblée de l'Union française est composée pour moitié de représentants des conseils généraux, pour l'autre moitié de représentants du Parlement français. Elle avait une fonction consultative. Chaque territoire est doté d'un Conseil de gouvernement. Les conseils généraux deviennent des assemblées territoriales avec des compétences limitées. Les Assemblées territoriales sont élues au suffrage universel direct et élisent en leur sein 5 représentants pour siéger au Grand Conseil de l'AOF ou de l'AEF (Afrique Equatoriale française.

La France nomme un chef de territoire. Il préside le conseil de gouvernement. Le ministre de la France d'Outre-mer peut annuler les décisions du conseil. Le premier conseil de gouvernement a été forme le 21 mai 1957 sous la présidence de Jean-Marie Koné. Modibo Keïta devient secrétaire d'Etat à la présidence du Conseil dans le Gouvernement Félix Gaillard du 6 novembre 1957 au 17 mars 1958.

3

Modibo Keïta Et L'émancipation Du Mali

L'exercice du pouvoir d'Etat n'a pas été du tout facile pour Modibo Keïta, premier Président du Mali indépendant. L'homme a pris le taureau par ses cornes. Il s'est assigné une tâche herculéenne. Ses combats prioritaires sont:

1. La décolonisation économique
2. La restructuration de l'économie selon le modèle socialiste (planification)
3. L'implantation d'une infrastructure ferroviaire, routière, fluviale et aérienne conforme aux besoins du pays
4. L'intensification de la production agricole
5. L'implantation d'industries de transformation
6. L'accentuation des recherches minières
7. Le contrôle de l'économie du pays par l'Etat

Modibo Keïta modernise l'agriculture dans le sens du socialisme collectiviste. Des collectivités socialistes sont mises en place dans les campagnes. C'est la promotion du « champ collectif » cultivé par l'ensemble des villageois. Des groupements ruraux de producteurs et de secours mutuels (GRPSM) sont mis en place au niveau des villages. Ils sont regroupés à l'échelon des arrondissements au sein de groupements ruraux associés et au plan des cercles au sein des sociétés mutuelles de développement rural (SMDR). On incite les paysans à adhérer à l' US-RDA et à participer aux «contributions volontaires» et aux «investissements humains». Ce sont des travaux bénévoles (constructions de routes ou de dispensaires). Le champ collectif est obligatoire dans chaque village. Le bénéfice de la vente de ses produits est utilisé pour l'entretien des structures coopératives et les investissements intra villageois. Les paysans sont forcés de vendre leur production de céréales à des prix très bas fixés par l'Etat. En octobre 1960, le Mali crée sa société d'importation et d'exportation (SOMIEX). Elle a le monopole des exportations des productions locales et de l'importation des produits manufacturés et de biens alimentaires comme le sucre, le thé, le lait en poudre et leur distribution à l'intérieur du pays. Le 1er juillet 1962, le gouvernement crée le franc malien qui remplace le franc CFA. Ce franc malien n'est pas convertible et la détention du franc CFA est interdite. Cela mécontente les commerçants. En 1961, la régie des transports du Mali est créée en vue d'assurer l'acheminement des marchandises exportées ou importées vers et depuis le Port d'Abidjan, en Côte d'Ivoire.

La Compagnie Air Mali est créée. Elle est équipée d'appareils soviétiques. Le Mali entretient d'excellentes relations diplomatiques avec les pays satellites de l'URSS. Le Mali offre le monopole de la prospection minière à l'URSS en 1963. Les doctrines des relations internationales du Mali sont le non-alignement et le panafricanisme. Le dialogue avec la France est tendu. Le Président Modibo Keïta expulse les soldats français du Mali. En dehors des relations privilégiées avec les pays communistes, le Mali de Modibo Keïta entretient également des liens avec les pays non alignés ou de l'Ouest. Il a signé des accords de coopération avec les Etats-Unis, la Yougoslavie et Israël. En septembre 1961, le Mali participe à la conférence des Non-Alignés à Belgrade. La chute de Modibo Keïta est due à son durcissement politique. Voici ce qui est rapporté à ce sujet par Wikipédia: «En 1962 a lieu le 6e et dernier congrès de l'US-RDA qui institue six commissaires politiques chargés du contrôle du parti et de l'administration. Le mouvement de la jeunesse soudanaise, créée en 1959, est intégré au sein de l'US-RDA. Une milice populaire est mise en place ainsi qu'un service civique obligatoire et des brigades de vigilance. Ces mesures vont accroître l'impopularité du régime de Modibo Keïta. En 1962, une première rébellion touarègue, limitée à la région de Kidal, éclate pour refuser l'autorité du Président Modibo Keïta. Les autorités maliennes répriment cela férocement et placent la région du nord sous surveillance militaire. En avril 1964, les 80 candidats de la liste unique présentée par l'US-RDA sont élus aux élections législatives. Face aux difficultés économiques que connaît le Mali, Auxquelles s'ajoute la rébellion touarègue au nord, le parti unique US-RDA est en proie aux divisions entre une aile modérée et une aile radicale. En 1967, Modibo Keïta, qui a tenté l'équilibre, s'allie avec les radicaux qui prônent la révolution active. Le bureau politique national de l'US-RDA est dissous et remplacé par le Comité national de défense de la révolution (CNDR). Le 22 janvier 1968, Modibo Keïta dissout l'Assemblée nationale et décide de gouverner par ordonnance. Le 19 novembre 1968, des quartiers officiers militaires, dont les capitaines Yoro Diakité et Mamadou Cissoko et les lieutenants Youssouf Traoré, Kissima Doukara et Moussa Traoré renversent le régime de Modibo Keïta. Le Président est arrêté au retour d'un voyage officiel dans la région de Mopti».

4

Le Mali Et Ses Crises Post-Indépendance

Par crises post-indépendance du Mali, il faut entendre toutes les péripéties, tous les drames et toutes les tragédies qui jalonnent la vie socio-politique malienne depuis la chute de Modibo Keïta et la prise du pouvoir par Moussa Traoré jusqu'à nos jours. C'est une longue histoire marquée par de bonnes actions et de mauvaises actions. Nous jugeons les choses ici d'un point de vue politologique, moral ou éthique. Cette séquence de l'histoire malienne est faite de coups d'Etat, de grèves, de rébellions, de changements, de violences, de conflits, d'unions, de désunions, de paix, d'insécurité, d'entente, de mésentente, d'amour, de haine, de bonheur, de malheurs. C'est dialectique. C'est du vivant. Le Mali est dynamique et en perpétuel mouvement. Le Mali est dans la dialectique de la vie, de la société, du monde. L'être n'est pas, le non-être est. Le Mali vit le temps héraclitéen et non le temps parménidien. Le Mali vit également la dialectique de Hegel qui considère que tout procède par évolution en trois étapes : thèse, antithèse, synthèse, c'est-à-dire affirmation, négation, dépassement. En termes marxiens, on dira la dictature bourgeoise, la dictature prolétarienne, la société égalitaire : capitalisme, socialisme, communisme. C'est la lutte des classes. Les régimes politiques et les hommes passent mais les pays demeurent. Le Mali antique et le Mali médiéval ne sont pas le Mali de Modibo Keïta, le Mali de Moussa Traoré, le Mali de Amani Toumani Touré, de I B K, de Alpha Konaré, de Assimi Goïta. Le Mali subit la loi de l'évolution naturelle, historique. C'est nécessaire, irréversible et immuable. Tous les pays, tous les peuples de la terre subissent cette loi. Cette loi explique l'esclavage, la colonisation et la néo colonisation en Afrique et ailleurs. Ainsi on peut se demander de quoi sera fait demain, en Afrique, au Mali et ailleurs. Toute victoire et toute défaite d'un pays, d'un peuple, sont temporaires. Toute paix, tout équilibre, toute stabilité, toute puissance sont précaires, éphémères. Voici quelques faits historiques du Mali qui confirment cela.

Modibo Keïta, le père de l'indépendance, a mis en place un régime autoritaire ou la dictature du parti unique (US-RDA). A sa chute, Moussa Traoré instaure, à son tour, un régime d'exception. Il forme le Comité militaire de libération national (CMLN). C'est l'organe suprême du pays. Il en est le président, Chef de l'Etat. En 1971, il prend le titre de colonel. Il change la constitution malienne, emprisonne des militaires et des civils, condamne certains aux travaux forcés, à perpétuité ou à la peine capitale. Il crée son parti unique dénommé Union démocratique du peuple malien (UDPM). Il contrôle la jeunesse (avec l'Union nationale des jeunes du Mali qu'il a créée) et réduit l'influence du syndicat étudiant (UNEEM). Modibo Keïta meurt en prison le 16 mai 1977. Moussa Traoré et son régime sont combattus par les opposants et les étudiants. Le 27 juin 1990, a commencé l'insurrection armée menée par le Mouvement populaire de l'Azaward de Lyad Ag Ghali (rébellion touarègue). Alpha Oumar Konaré devient Président le 26 avril 1992. En février 1993, Moussa Traoré est condamné à mort mais il sera gracié en 2002. Le Mali est dans sa troisième république. En mai 2002, Amadou Toumani Touré (ATT) est élu Président du Mali. Entre 2006 et 2009, c'est la troisième rébellion touarègue au Mali. Des ex-mercenaires en Libye, ou Touarègues maliens, occupent le nord du Mali. Le 22 mars 2012, le capitaine Amadou Haya Sanogo dirige un coup d'Etat militaire. Mais il rend le pouvoir à des autorités civiles sous la pression internationale. Une période de transition a été assurée par Dioncounda Traoré, comme président intérimaire. Celui-ci organise une élection présidentielle les 28 juillet et 11 août 2013. Cela s'achève par la victoire de Ibrahim Boubacar Keïta. Pendant ce temps, en 2012, les terroristes s'activent dans le nord et le centre du Mali. Les villes de Kidal, Gao, Tombouctou, Mopti tombent aux mains des islamistes qui se rapprochent du sud. Le 23 septembre 2012, le Mali et la Communauté économique des Etats de l'Afrique de l'Ouest (CEDEAO) s'accordent sur le déploiement d'une force africaine. Le 21 décembre 2012, le Conseil de sécurité des Nations Unies autorise par une résolution le déploiement d'une force africaine au Mali. Le 11 janvier 2013, les troupes françaises interviennent en appui de cette force africaine. C'est le début de l'opération Serval. Lisons: «Cette opération Serval semble être un succès dans un premier temps: les villes ont été reprises ainsi que le territoire du nord du pays, un dialogue est rétabli avec les différentes composantes touarègues et l'Etat malien est stabilisé. Mais Al-Qaïda au Maghreb islamique change d'approche et se reconstitue. L'organisation procède désormais par des incursions ponctuelles et par des attentats et le maintien sur place des troupes françaises et africaines, dans l'organisation initiale de ces forces, se révèle coûteux. Il est décidé de substituer l'opération Barkhane à l'opération Serval, pour sécuriser la bande sahélo-saharienne, avec la mission de lutter contre les groupes djihadistes et d'empêcher la constitution de sanctuaires terroristes dont le quartier général semble établi à Ndjamena. Le nouveau dispositif est officiellement lancé le 1er août 2014. La situation sécuritaire reste très précaire avec de nombreuses attaques djihadistes. Les conflits communautaires persistent occasionnant des centaines de morts, particulièrement dans la région de Mopti. En 2018, l'armée française poursuit ses opérations et particulièrement dans le Liptako Gourma, une zone entre le centre du Mali, le Sud-Ouest du Niger et le Burkina Faso. Les djihadistes opèrent une guerre asymétrique: ils procèdent surtout par attaques surprises, tout en utilisant les ressentiments locaux et les conflits intercommunautaires. Le 23 mars 2019, des miliciens dogons font 157 morts lors du massacre d'Ogossagou, village peul situé près de Bankass, toujours dans le centre du pays. Beaucoup de victimes avaient trouvé refuge dans ce village après avoir déjà fui d'autres affrontements intercommunautaires qui ont fait plus de 500 morts en 2018 dans le centre du Mali, selon l'ONU. Les troupes françaises sont de plus en plus critiquées localement: poursuivre le combat accroît le risque d'enlisement et de compromission» (Wikipédia).

5

L'assassinat De Kadhafi Et Le Sahel

Qui est Mouammar Kadhafi? Au-delà de ses fonctions de chef militaire (colonel) et de Guide révolutionnaire de la Libye, Mouammar Kadhafi est un grand penseur, un concepteur et un philosophe politique. Son œuvre théorique est intitulée Le Livre vert. Dans ce livre, il critique, à raison, la philosophie politique occidentale. Il en dénonce les aberrations, les contradictions, les faiblesses. Il combat, enterre la démocratie libérale, capitaliste, le multipartisme ou le pluralisme politique. Il crée son propre système politique (la démocratie directe) qu'il applique à la Libye. Cela s'appelle la Jamahiriya (en arabe), c'est-à-dire «l'Etat de masse». C'est un système de gouvernance unique en son genre. Grâce à cela, il est resté pendant 42 ans à la tête de la Libye. Il a instauré un Etat-providence qui a permis d'élever le niveau socio-économique des Libyens. Mouammar Kadhafi a joué un rôle d'arbitre et de bailleur de fonds. Il est devenu un acteur incontournable de la géopolitique du Sahel. Il a été assassiné le 20 octobre 2011 par l'OTAN (USA, France, Angleterre…). Kadhafi est patriote et panafricaniste. Sa disparition a des répercussions en Libye et aussi à l'extérieur de ce pays. L'anarchie et la guerre règnent en Libye. Sa mort se fait surtout sentir dans tout l'espace sahélien où des milices, des djihadistes et des terroristes sèment la terreur, la mort, la misère et la désolation catastrophiques. La participation du groupe islamique combattant libyen (GICL) aux forces rebelles a permis l'implantation en Libye de groupes armés salafistes rompus aux techniques insurrectionnelles ou terroristes. Le salafisme apparaît comme une idéologie utilisée par de nouvelles forces politiques ou armées.

La Libye de l'après Kadhafi vit le chaos, la chienlit. L'Etat a disparu ainsi que l'unité nationale. Le patriotisme révolutionnaire ou la Jamahiriya a volé en éclat. Cela a laissé place à des milices tribales agissant en terroristes, en prédateurs, en mercenaires à la solde du CNT, des pro-Kadhafi, des pro-occidentaux (France, OTAN, USA…). Le contrôle et l'exploitation-pillage de la manne pétrolière est l'enjeu principal des rivalités guerrières qui fait le malheur des pays sahéliens. Ces milices, ces mercenaires et ces terroristes (hors-la loi) bénéficient des armes de l'armée régulière de Kadhafi disloquée. Le Sahel est devenu le théâtre de leur belligérance, de leurs affrontements. C'est de ça que souffrent le Mali, le Burkina Faso et tous les pays du Sahel. La guerre, le pillage, la prédation et le trafic en tous genres (trafic d'armes, d'hommes, de matières premières stratégiques) prospèrent dans le Sahel où on trouve les différents groupes djihado-islamistes tels que AQMI, Ansar, Eddine, MUJAO (au nord du Mali), Boko Haram (au Niger). Le mouvement séparatiste azawadien au nord-Mali et le Fezzan sont les grands bénéficiaires des guerres et des armes libyennes. Lisons : « La disparition du colonel Kadhafi a des répercussions en Libye même et aussi à l'extérieur du pays. Le caractère segmentaire de la société libyenne s'affirme de nouveau avec force, rappelant l'urgence de trouver un mode de gouvernance capable de contenir ces tendances à la fragmentation. Le projet politique actuel, à savoir l'instauration d'un Etat de droit démocratique reposant sur la souveraineté du peuple, paraît bien illusoire ou à tout le moins encore largement inaccessible. Le conseil national de Transition (CNT) s'était engagé à mettre en place « un système judiciaire [à lancer] un processus de réconciliation pour les fonctionnaires ayant servi l'ancien régime, [à désarmer] les milices, [à créer] des forces de sécurité nationales opérationnelles, [à reconstruire] des zones détruites et [à restaurer] des services de base comme la santé, mais ces objectifs n'ont pas été atteints. De plus, le Premier ministre de transition a reconnu officiellement que les autorités de transition étaient impuissantes à désarmer les milices qui continuent de semer la terreur dans certaines zones du territoire. Le siège sanglant de Ben Walid orchestré en octobre 2012 par les milices de Mirasta illustre l'état d'anarchie qui prévaut en Libye. Par ailleurs, les conséquences de la disparition de M. Kadhafi se font aussi sentir dans l'ensemble de l'espace sahélo-saharien qui est devenu, depuis 2003 et surtout 2012, une zone d'insécurité majeure. D'une part, la guerre en Libye a créé un vide politique au Sahel, car Tripoli se trouve dans l'incapacité de conduire une politique étrangère active dans la zone tant que le pays n'aura pas retrouvé une nouvelle forme de stabilité. D'autre part, au-delà du discours révolutionnaire du mouvement du 17 février 2011, on assiste à une révolution géopolitique, marquée par l'affirmation politique et militaire des salafistes libyens et leur implantation dans le paysage politique, encore vierge, de la Libye. En effet, l'insurrection a créé un appel d'air pour le djihadisme libyen, devenu prééminent au sein d'Al-Qaida depuis la mort d'Abou Moussab Al-Zarqaoui. La participation du groupe islamique combattant libyen (GICL) aux forces rebelles a permis l'implantation en Libye de groupes armés salafistes rompus aux techniques insurrectionnelles ou terroristes.

L'hypothétique jonction entre les salafistes libyens d'Al-Qaida d'un côté et les djihadistes sahéliens d'Al-Qaida au Maghreb islamique (AQMI) et du Mouvement pour l'unicité et le Jihad en Afrique de l'Ouest (MUJAO) de l'autre semble de plus en plus confirmée, à la lumière des derniers développements de la situation libyenne et sahélienne à la fin de l'année 2012. L'Internationale djihadiste apparaît donc comme le nouvel acteur politique dans le nord de l'Afrique jusqu'aux marges sahélo-sahariennes. Un nouveau rapport de force s'instaure entre des nationalismes/régionalismes sahariens émergents et des mouvements salafistes puissants et armés dont le projet politique semble inconciliable avec la démocratie et le droit positif. Nous tenterons dans le présent chapitre d'identifier les acteurs de ces processus socio-historiques qui redéfinissent la géopolitique de la région sahélo-saharienne.

Dans un article récent, nous avons interprété les modalités de la révolution libyenne comme la rupture du pacte du Livre vert : « Par pacte du Livre vert, nous faisons référence à l'ensemble des institutions (y compris celles organisant la coercition et la violence), des compromis, des accords tacites et non tacites qui ont permis à Mouammar Kadhafi de gouverner la Libye pendant 42 ans». Selon cette interprétation, le pacte du Livre vert consistait en un mode de gouvernance qui conciliait les besoins de centralité du pouvoir, né de l'exploitation pétrolière, et les modes de régulation des sociétés acéphales de type segmentaire. L'une des réalisations du colonel Kadhafi a été de maintenir une unité dans une société libyenne profondément segmentaire. La Libye est un pays récent qui est passé en un demi-siècle de la plus grande pauvreté à une extrême richesse, d'une société tribale principalement nomade et pastorale à une société urbaine, d'un niveau d'alphabétisation très faible à un niveau d'éducation élevé. Ces mutations très rapides ont été rendues possibles par l'exploitation du pétrole libyen à assurer le financement du pays, dépourvu d'autres industries et comptant une population limitée en nombre. Malgré les progrès de l'urbanisation, du développement et de la transition démographique à laquelle la Libye n'a pas échappé, la structure sociale de la société libyenne est restée principalement tribale. L'appartenance à la famille, au clan, à la tribu, est restée une référence essentielle qui a été par ailleurs réactivée par Mouammar Kadhafi lui-même. Les sociétés segmentaires se caractérisent par un système dynamique et mouvant d'hostilités et d'alliances entre les différents «segments» qui les composent. Une famille peut ainsi être en compétition avec une autre famille pour des ressources mais en même temps s'allier à elle contre un groupe de familles d'un autre territoire. Ce jeu complexe s'applique à des territoires plus ou moins grands et s'étend sur des périodes historiques assez longues. Cet équilibre instable né d'une hostilité permanente avait une relative capacité d'autorégulation et n'avait pas nécessairement besoin d'un Etat central pour fonctionner. Malgré tout, ce système segmentaire avait besoin d'instances supérieures capables de réguler en raison de sa fragilité face à de grands déséquilibres. Ce rôle était traditionnellement dévolu aux confréries soufies. Leur autorité religieuse leur conférait un rôle d'arbitre en dernier ressort. Elles se posaient, y compris dans l'espace, comme des instances extérieures et supérieures, hors des lieux de conflits. Cela explique le rôle crucial que la confrérie Senoussi Ya a joué dans l'unification des tribus lors de la lutte anticoloniale et dans le choix d'un système monarchique lors de l'indépendance de la Libye (le roi Idriss 1er était le chef de la confrérie).

Ce système segmentaire persiste encore dans la Libye du colonel Kadhafi. John Davis, par exemple, a très bien décrit les stratégies tribales mises en œuvre lors des élections au sein des comités populaires ainsi que les interférences complexes et multiples entre les structures traditionnelles et l'organisation formelle de la Jamahiriya. Les tribus sont restées des vecteurs puissants pour l'obtention de passe-droits, d'autorisations ou de protections, ou encore l'accélération de démarches administratives. Le clientélisme du régime Kadhafi s'appuyait sur ces structures tribales; il en favorisait certaines au détriment d'autres. Les organisations tribales constituent encore aujourd'hui des réseaux hiérarchisés qui permettent de structurer les différentes formes de clientélisme en redistribuant les ressources, les emplois, les dons ou les crédits.

La permanence du fait tribal s'est accompagnée d'une absence d'émergence de structures étatiques différenciées, contrairement à l'évolution observée dans les autres pays arabes. Le choix idéologique ou politique d'un renoncement à la construction d'un Etat moderne a été formulé par le colonel Kadhafi lors de son discours à Zouwara, le 15 avril 1973. Pour mettre un terme aux luttes de pouvoir au sein du Conseil de commandement de la Révolution-l'instance qui s'est constituée autour du « Guide » après le coup d'Etat militaire-, Mouammar Kadhafi, qui avait annoncé sa démission, entend alors mobiliser les «masses» contre la bureaucratie. «Alors que jusque-là, il s'était appuyé sur la bourgeoisie nationaliste pour conforter sa position et légitimer le coup d'Etat de 1969, ayant stabilisé sa situation, Kadhafi cherche à partir de 1973 de nouveaux alliés que sont les couches défavorisées, la population rurale et les tribus qu'il oppose à la bourgeoisie urbaine». Les éléments que nous venons d'évoquer expliquent la résurgence des dynamiques segmentaires de la société libyenne depuis la disparition du colonel Kadhafi, qui se traduisent par une fragmentation sociale et territoriale» (CNRS Editions, 2012. Open Edition Books Licence).

6

L'Occident Et Le Djihadisme Au Sahel

Questionnons-nous ici sur la nature, la composition, la valeur ou le rôle de l'Occident au Sahel. L'Occident désigne ici l'ensemble des pays d'Europe et d'Amérique qui pratiquent la violence prédatrice, impérialiste, esclavagiste, colonialiste et néocolonialiste dans le monde et, en particulier, en Afrique. Ici, c'est le cas du Sahel qui nous préoccupe. Les pays comme Algérie, Maroc, Tunisie, Libye, Mali, Burkina Faso, Sénégal, Mauritanie, Niger sont en proie à la violence. Ils ploient sous la domination et l'exploitation des pays occidentaux. Tous les Etats sahéliens sont contrôlés économiquement et politiquement par l'Occident. Les pays prédateurs occidentaux ont imposé leurs modèles et leurs valeurs culturels et civilisationnels à des sociétés arabophones ou pratiquant l'Islam. Ces sociétés refusent, combattent l'Etat-nation, l'Etat unitaire, centralisé, jacobin, la démocratie libérale, capitaliste. Ces choses sont en conflit violent avec la charia et l'islamisme qui fonctionnent par la guerre contre les non- musulmans (djihad). Le djihadisme est l'ennemi du système politique, religieux, juridique et moral de l'Occident prédateur, impérialiste, colonialiste et néocolonialiste. Le djihadisme prêche la « guerre sainte » contre le pouvoir dit rationnel, institutionnalisé, légal. Les nombreuses et différentes tribus du Sahel ne se reconnaissent pas dans ce paradigme d'organisation sociétale, politique, qui pille leurs pays et les laissent dans la pauvreté et la misère totales. Ces tribus sont anti-chrétiennes. Elles font la guerre sainte à tous les chrétiens du monde entier. Elles déstabilisent les Etats dits modernes ou occidentalisés du Sahara-sahélien par le terrorisme. Les djihadistes prennent en otage des Occidentaux opérant dans les différentes activités au Sahel. Ils se font payer très cher pour les libérer. L'argent qu'ils encaissent leur permet d'acheter des armes, des véhicules de transport de leurs combattants à travers le Sahel, le désert du Sahara. Ils obtiennent leurs arsenaux par les finances qui proviennent des rançons perçues des enlèvements d'Occidentaux. A la chute du régime de Kadhafi et de la Jamahiriya, la Libye est devenue un très gros marché de vente d'armements, de tout ce qui concerne la guerre. Les milices qui pullulent au Sahel s'approvisionnent en armement en Libye. Cela alimente les conflits, la violence, l'anarchie, l'insécurité grandissante dans la zone sahélo-saharienne. Cela a obligé les pays sahélo-sahariens à coopérer avec les armées étrangères, occidentales, pour assurer la sécurité de leurs territoires occupés par des djihadistes et des terroristes. Des pays comme le Mali, le Burkina Faso, le Niger etc. ont perdu quelque fois les deux tiers ou la moitié de leurs territoires.

Le plus grave est que les armées occidentales (OTAN) appelées au secours occupent elles aussi (comme des terroristes) ces pays et les pillent. La coopération devient alors un jeu de dupe qui profite uniquement aux prédateurs-vampires ou impérialistes. Le Mali, le Burkina Faso et le Niger sont ainsi envahis militairement et voient leurs populations être tuées, massacrées par les armées occidentales. Ces forces étrangères appelées Barkhane, Serval, MINUSMA, Takouba etc. agissent contre les intérêts des Africains. Elles emploient des terroristes, des djihadistes et des milices. Elles les nourrissent, les arment, les paient pour combattre les armées nationales, massacrer et terroriser les populations africaines. Elles empêchent les forces armées régulières de contrôler, de défendre les territoires sahélo-sahariens de protéger les populations. Ainsi elles volent et pillent tranquillement les richesses fabuleuses, naturelles, du Sahel : or, diamant, pétrole, gaz, manganèse, cuivre, fer, uranium…L'armée française interdit catégoriquement l'armée malienne d'aller au nord du Mali combattre les groupes terroristes, mafieux, djihadistes qui exploitent les mines des matières premières stratégiques à leur compte. Elle fait la guerre à l'armée malienne (les FAMA). Elle la calomnie, l'espionne au profit de ses amis et employés terroristes. Elle les informe, les guide, les transporte d'un point à l'autre. Cette armée française tue des Maliens et des Maliennes, fait des génocides et les attribue à l'armée malienne. Elle travaille contre le Mali. Elle fournit tous les moyens logistiques nécessaires à ses mercenaires de terroristes leur permettant de lutter pour prendre le contrôle des zones les plus riches du pays. Telle est la stratégie impérialiste et néocolonialiste de la France au Sahel, en Afrique. C'est très rusé. Des terroristes, des djihadistes et des rebelles font des guerres, du terrorisme et des rébellions en Afrique par procuration, pour le compte des pays prédateurs occidentaux.

Ayant compris cette trahison de la France, les peuples et les gouvernements maliens et burkinabè chassent les troupes militaires françaises de leurs pays. Les autres pays africains se révolteront un jour et expulseront à leur tour ces soldats français nuisibles, indésirables, comploteurs, prédateurs, de leurs pays également. Cela a lieu au Mali, au Burkina Faso, au Niger etc. parce que ces pays sont très riches en ressources naturelles stratégiques. L'Afrique est donc victime de ses richesses, de ses « scandales géologiques ». Le monde occidental fait la guerre aux Africains pour piller et voler leurs biens. L'Afrique subit donc des guerres prédatrices, des guerres impérialistes et néocolonialistes. Ce système impérialiste français s'appelle élogieusement la Françafrique. C'est une mafia très redoutable qui fonctionne par le terrorisme et le djihadisme. La Françafrique a été mise en place par le très grand criminel De Gaulle à partir de ce qui s'appelle le pacte colonial. Il s'agit de onze accords léonins, cyniques et secrets, que tout Président africain francophone signe et respecte obligatoirement dans l'exercice de sa fonction. En cas de non-respect de cet accord contraignant, par un pays, son Président rebelle est tué ou renversé. Un autre nègre de maison prend sa place et le système diabolique de la prédation continue. Voici ces onze accords criminels, détestables, cyniques et abjects :

1. La dette coloniale pour remboursement des bénéfices de la colonisation. Les Etats nouvellement indépendants doivent rembourser le coût des infrastructures construites par la France pendant la colonisation.
2. La confiscation automatique des réserves financières nationales. Les pays africains doivent déposer leurs réserves financières auprès de la Banque de France. Ainsi la France « garde » les réserves financières de quatorze pays africains depuis 1961 : Bénin, Burkina Faso, Guinée Bissau, Côte d'Ivoire, Mali, Niger, Sénégal, Togo, Cameroun, Centrafrique, Tchad, Congo-Brazzaville, Guinée Equatoriale, Gabon. La France investit cet argent, le dépose dans son trésor à son profit. Elle en prête des miettes à ces colonies avec intérêt commercial. Ces colonies, vraies propriétaires de cet argent, ne disposent pas d'accès à cela.
3. Le droit de premier refus sur toute ressource brute ou naturelle découverte dans le pays. La France a le premier droit d'achat des ressources naturelles de la terre de ses ex-colonies. Ce n'est qu'après que la France a dit : « je ne suis pas intéressée », que ses ex-colonies sont autorisées à chercher d'autres partenaires.
4. Priorité aux intérêts et aux entreprises françaises dans les marchés publics et appels d'offre publics. Dans l'attribution des marchés publics, les entreprises françaises ont la priorité sur l'attribution. Même si les pays africains peuvent obtenir un meilleur rapport qualité-prix ailleurs. En conséquence, dans la plupart des ex-colonies françaises, tous les leviers économiques des pays sont entre les mains des expatriés français. En Côte d'Ivoire, par exemple, les entreprises françaises possèdent et contrôlent tous les grands services publics-eau, électricité, téléphone, transports, ports et les

grandes banques. C'est la même chose dans le commerce, la construction, l'agriculture.
5. Droit exclusif de fournir des équipements militaires et de former les officiers militaires des colonies que la France utilisera pour faire des coups d'Etat à son profit.
6. Le droit pour la France de déployer des troupes et d'intervenir militairement dans le pays pour défendre ses intérêts.
7. L'obligation de faire du français la langue officielle du pays et la langue pour l'éducation.
8. L'obligation d'utiliser le franc cfa (franc des colonies françaises d'Afrique). Cela lui rapporte 500 milliards de dollars par an.
9. L'obligation d'envoyer en France un bilan annuel et un rapport d'état des réserves.
10. Renoncer à toute alliance militaire avec d'autres pays, sauf autorisation de la France.
11. L'obligation de s'allier avec la France en cas de guerre ou de crise mondiale.

7

Assimi Goïta Et La Conscience Africaine

Le colonel Assimi Goïta, on le sait, est le Président actuel de la transition politique au Mali. Il est le guide ou celui qui conduit, pilote, mène la révolution malienne. C'est un grand combattant, un très brave guerrier, un héros face à la France, à l'Occident, à l'ONU, à l'OTAN, à la Françafrique et à ses multiples institutions en Afrique (CEDEAO, UNION AFRICAINE…). Ses ennemis sont inestimables, visibles et invisibles. Ils sont très redoutables, très offensifs, très dangereux, très nuisibles. Le colonel Assimi Goïta tient tête à tous les systèmes criminels, à toutes les organisations internationales mafieuses, sataniques du monde unipolaire, impérialiste, prédateur. Il résiste victorieusement jusqu'à ce jour, à tous ses ennemis intérieurs (les endo-colons) et extérieurs. C'est à son honneur et à sa gloire. «A vaincre sans péril, on triomphe sans gloire», a dit Pierre Corneille. Après les Thomas Sankara, les Nelson Mandela, les Kwame Nkrumah, Kadhafi, Sékou Touré, Modibo Keïta, Patrice Lumumba et autres, nous voyons un nouvel héros, un nouveau sauveur, un nouveau défieur face aux bourreaux, aux ennemis, aux diables et aux démons. Le colonel de Bamako porte l'espoir de tous les Africains et de tous les Afro-descendants comme libérateur, décolonisateur, indépendantiste, souverainiste, civilisateur, moralisateur et humanisateur. C'est tout cela Assimi Goïta (Assimisme).

Nous sommes ici face à un phénomène psychologique, moral, éthique, humaniste, axiologique et eudémoniste que nous appelons la « conscience prospective » (selon le philosophe Assemien Adja François, in La Philosophie du développement personnel). Le colonel Assimi Goïta est véritablement le guide éclairé, la boussole des Africains, des Noirs. En effet, ce colonel est en train de réécrire l'histoire du Mali et de l'Afrique, de redonner confiance (la confiance en soi) à tous les Noirs, de les galvaniser, de les mobiliser et de les mettre dans la bataille salvatrice, libératrice. Après des siècles d'esclavage, de colonisation et de domination raciste et prédatrice qu'ils ont subis, les Noirs du monde entier ont réellement besoin de se réveiller de leur trop long sommeil d'inconscience, de lâcheté, de faiblesse, d'idiotie. Ils ont besoin de s'éveiller et de s'éclairer pour se libérer ensemble sous la conduite d'un berger inspirateur. C'est le colonel Assimi Goïta. Il anime la « conscience africaine » (c'est le titre d'un livre du philosophe Assemien Adja François). Cela veut dire qu'il éveille l'esprit des Africains (voir l'ouvrage intitulé La Philosophie de l'esprit africain du docteur Assemien Adja François). Grâce au combat glorieux, héroïque, patriotique et panafricaniste du colonel de Bamako, la jeunesse africaine est debout. Partout, en Afrique et dans le monde entier, les Noirs se battent (au moins idéologiquement) avec leurs bourreaux racistes, méprisants, prédateurs, dominateurs. Le colonel malien est leur lumière, leur boussole et leur héros. Il est leur référence, leur modèle, leur éducateur. Tous les NOIRS sont désormais à l'école assimienne. Ils sont Assimistes. L'assimisme, selon le philosophe Assemien, est une école du patriotisme, du panafricanisme, du civisme, d'humanisme, de politique, de géopolitique, de courage, de bravoure, d'héroïsme. Le colonel malien a fait des disciples, des émules, des épigones partout qui ne jurent que par son nom. L'Assimisme fonctionne à merveille, développe la conscience politique, historique, géopolitique, géostratégique,

Le Destin Du Mali Avec Assimi Goïta

géo-économique des Africains. Cette école enseigne les bienfaits des vertus et des valeurs ascétiques comme union, discipline, travail, créativité, anti-impérialisme, résistance à la géopolitique prédatrice, à l'oppression, à la domination néocolonialiste. L'Assimisme est l'ennemi de l'oligarchie internationale mafieuse, mondialiste, satanique, eugéniste, transhumaniste, covidiste, antinataliste, génocidaire.

La conscience africaine est l'état d'esprit ou la mentalité des Africains qui comprennent et acceptent la lutte révolutionnaire et l'Assimisme comme solution-panacée au problème africain. C'est la grande et belle leçon de l'école de Assimi. La conscience africaine, c'est l'Assimisme. C'est la doctrine politico-patriotique enseignée et pratiquée par nos héros que sont Assimi Goïta, Thomas Sankara, Mouammar Kadhafi, Kwame Nkrumah, Modibo Keïta, Sékou Touré, Patrice Lumumba et autres. La conscience africaine, c'est un phénomène dynamique. Elle est en perpétuelle évolution dialectique. Elle procède par la méthode ternaire : thèse, antithèse, synthèse. La thèse est l'état d'esprit africain avant Assimi (esprit soumis, françafricain). L'antithèse est l'état d'esprit africain dans la période de Assimi Goïta (la contestation de la Françafrique et de l'occidentalocentrisme). La synthèse est l'état d'esprit africain futur qui se caractérisera par la lutte pour la réalisation de l'Afrocratisme (voir L'Afrocratisme contre le nouvel ordre mondial du philosophe Assemien Adja François). L'Afrocratisme est la doctrine selon laquelle les Africains doivent se libérer de toute domination étrangère. Cette doctrine exige la décolonisation totale et absolue, l'indépendance et la souveraineté des pays africains. Elle veut l'union fédérale des 54 Etats-nations d'Afrique. Elle cherche à transformer tout le continent africain en un vaste empire selon le paradigme africain. Comment créer cet empire afrocratique? Il faut tout d'abord transformer les 54 Etats-nations africains en 54 royaumes. Chacun de ces royaumes est constitué par un ensemble de groupes ethniques ou tribus. Par exemple, la Côte d'Ivoire comprend 60 groupes ethniques. Cela représente le royaume de Côte d'Ivoire. A sa tête, il y aura un roi suprême élu par tirage au sort par l'ensemble des rois et chefs traditionnels du pays.

Il aura un mandat de cinq ans non renouvelables. Il gouvernera le royaume avec tous ses pairs rois et chefs traditionnels. Ainsi aucune ethnie ivoirienne ne sera frustrée, lésée, dominée, opprimée par les autres. La justice distributive et égalitaire règnera en Côte d'Ivoire. Cela évitera tout conflit, toute violence, toute rébellion et toute guerre intestine. Appelons cela la révolution locale ou nationale. C'est le gage de la paix, de la sécurité, de la liberté, de la prospérité, du développement, du bonheur de tous et de chacun. C'est le régime politique du salut public et personnel. Cela est légitime et légal car c'est moral et fondé sur le droit coutumier ou traditionnel africain. Ce régime traduit la sagesse ancestrale salvatrice africaine. Il exprime l'émancipation, l'indépendance, la souveraineté et la dignité des Africains. Il est opposé au régime des intellectuels officiels, occidentalocentristes (intellectocratie), c'est-à-dire les endo-colons, les marionnettes, les valets de nos bourreaux impérialistes, prédateurs, génocidaires. La «paysanocratie» est l'antithèse de la prétendue république démocratique des «peaux noires, masques blancs» ou chevaux de Troie des colons impérialistes, tueurs, voleurs, pilleurs de nos biens et de nos richesses naturels, stratégiques. L'intellectocratie dictatoriale, autocratique, cynique, criminelle et esclavagiste sera ainsi vaincue, abolie en Afrique. La Françafrique sera ainsi enterrée.

Après la révolution locale ou nationale que nous venons d'exposer, viendra la révolution continentale ou panafricaine. Elle consistera à unir tous les 54 royaumes issus des révolutions locales en un empire continental. Ce gigantesque empire sera le gage de notre puissance, de notre grandeur, de notre prospérité, de notre dignité, de notre libération, de notre bonheur, de notre renaissance. Son roi (l'empereur) sera élu par l'ensemble des 54 rois issus des révolutions locales. Il aura lui également un mandat de cinq ans non renouvelable. Les révolutions locales et la révolution continentale pourront libérer, décoloniser, sauver et développer l'Afrique. Cela est très sûr, légitime et rationnel. Il s'agit seulement de le vouloir et de le réaliser. Tel est le sens du panafricanisme pour les Afrocrates, c'est-à-dire des partisans de l'Afrocratisme. C'est un acte révolutionnaire, rassembleur, créatif. L'Afrocratie ou la Paysanocratie consiste dans la rupture avec l'ordre esclavagiste, colonialiste-néocolonialiste, impérialiste. Il s'agit de rompre avec l'ordre ancien de nos bourreaux impénitents. Nous devons abandonner tous leurs modèles ou paradigmes culturels au profit des nôtres. Il s'agit de retrouver notre identité-originalité négro-africaine. C'est la voie de notre renaissance kémitique (voir les 42 lois de la Maât).

8

Le Mali Et La Fierté Africaine

Quelles sont les caractéristiques majeures du Mali, pays sahélo-saharien, qui séduisent les Africains ? Est-ce son passé glorieux ? Est-ce son économie basée sur ses richesses naturelles et minières « scandaleuses » ? Est-ce sa puissance militaire, politique relative ? Est-ce son courage, son audace, son intrépidité, son héroïsme, sa résistance à ses ennemis impérialistes, françafricains ? Est-ce ses victoires présentes sur ses bourreaux, sur ses prédateurs, sur ses agresseurs, ses envahisseurs djihadistes, terroristes, néocolonialistes, néo-esclavagistes ? Quelle est la valeur du Mali aux yeux du monde, sous la présidence du colonel Assimi Goïta, qui susciterait l'admiration, le respect, l'envie, la fierté des Africains? Enfin, qu'est-ce que le Mali possède de particulier, d'extraordinaire en termes d'atouts, de qualités, de biens et de richesses par rapport aux autres pays africains ? Le Mali du colonel Assimi Goïta fait la fierté, le bonheur, la dignité, la respectabilité des Africains et des Noirs du monde entier parce qu'il est en train d'accomplir ses devoirs régaliens envers sa population, de donner des leçons politiques, géopolitiques et géostratégiques internationales à toute l'Afrique (bonne gouvernance, patriotisme, panafricanisme). Le Mali est en train de relever les défis majeurs des Africains : défis politiques, économiques, sociaux, infrastructurels, institutionnels, militaires, moraux, civiques etc. Au plan économique, le Mali crée la prospérité nationale en s'appuyant sur l'agriculture (coton), la transformation de ses matières premières stratégiques et de grande valeur comme l'or. Au plan politique, le Mali pratique la démocratie véritable, le principe de la république, de l'Etat de droit. Dans ce système, le pouvoir et la souveraineté appartiennent exclusivement au peuple. C'est ce dernier seul qui décide et fait des lois justes, bonnes, efficaces, consensuelles comme expression de la volonté générale (voir Du Contrat social de Jean-Jacques Rousseau). La république s'oppose à la monarchie. La théorie politique occidentale dit que tout le monde est libre dans la république (intérêt général, bien public) tandis que dans la monarchie, le roi seul est libre. Les rois européens (en particulier en France) avaient droit de vie et de mort sur leurs sujets. Ils étaient des prédateurs, des génocidaires, des barbares, des criminels, des esclavagistes, des impérialistes et des colonialistes. Ils ont élaboré le Code noir, la Charte de l'impérialisme. Ils pratiquaient le droit de cuissage contre les femmes (esclavage sexuel). Ils opprimaient et exploitaient cyniquement les paysans qu'on appelait les serfs. Ce terme vient du mot latin servus signifiant esclave. Ces serfs étaient corvéables et taillables à merci. Ainsi la monarchie a été abolie en France au profit de la république et de l'Etat de droit. On parle alors de pouvoir politique légal, rationnel, institutionnalisé. C'est le système vertueux, moral, légitime qui est présentement en vigueur dans le monde dominé par l'Occident. Les présidents ont remplacé les rois qui dominaient, chosifiaient et déshumanisaient leurs sujets. Les présidents sont élus démocratiquement et ils gouvernent des citoyens et non pas des sujets. La démocratie est le gouvernement du peuple par le peuple et pour le peuple selon Abraham Lincoln. C'est le régime familial selon le philosophe Alain. Le Mali du colonel Assimi Goïta pratique honnêtement ce système politique. En effet, c'est le peuple malien tout entier qui gouverne l'actuel Mali. C'est le peuple lui-même qui agit en appelant ses militaires à son secours. Ce peuple s'identifie à son armée. En cas de trahison de la part de son président, il descend dans la rue et proteste. Il renverse son traître de président dictateur, corrompu, valet des impérialistes et des néocolonialistes. C'est dans ces conditions démocratiques et républicaines que le colonel de Bamako est arrivé légitimement au pouvoir au bord du fleuve Djoliba. Le colonel Assimi Goïta, c'est de lui qu'il s'agit, gouverne le Mali moderne par procuration populaire. Il incarne le peuple et la puissance publique. Il a l'onction et la bénédiction populaires. Il agit au nom du peuple et dans l'intérêt du peuple malien. Il est le représentant direct, l'ambassadeur et le commissionnaire fidèle et loyal de son peuple. Il est en harmonie parfaite, en symbiose, en adéquation avec le peuple malien. Cela fait la fierté et le bonheur des Maliens et des Africains en général car c'est très rare dans l'histoire africaine parsemée de traîtres, de bourreaux françafricains, de marionnettes, de vassaux, de valets comme chevaux de Troie des impérialistes et des néocolonialistes. Ainsi le peuple malien retrouve sa souveraineté. L'Etat malien retrouve sa souveraineté vis-à-vis de l'extérieur, dans la dynamique géopolitique internationale. Alors le Mali inspire le respect au plan mondial. Il inspire l'admiration par son courage, son intrépidité, sa bravoure, son héroïsme. Il se libère par la guerre juste, nécessaire contre l'impérialisme, le néocolonialisme et la françafrique.

Le Mali possède désormais une puissance de feu. Il remporte des victoires sur les terroristes et les djihadistes soutenus, armés, payés, parrainés et sponsorisés par les gouvernements néocolonialistes, impérialistes et très prédateurs (français en particulier). Le Mali défie militairement, diplomatiquement et géopolitiquement la France, l'OTAN, l'ONU, la CEDEAO, l'Union Africaine, l'Union Européenne. Il entre triomphalement et glorieusement dans l'histoire africaine et mondiale. Il entre dans le monde multipolaire qui est en train de se construire grâce aux efforts des révolutionnaires du Brics (le bloc composé de la Russie, de la Chine, du Brésil et autres). Au plan moral, le Mali bat des records très importants. On assiste à la montée en puissance du civisme au Mali qui se traduit par quatre concepts fondamentaux : union, discipline, travail, combat. Il y a un regain de patriotisme, de vaillance, de loyauté, d'intégrité. Les actes de banditisme, de criminalité, de délinquance à col blanc sont très atténués. Le mal recule au profit du bien. Il est freiné, combattu par le régime du colonel Assimi Goïta. La droiture et la rigueur disciplinaire des militaires imposées aux Maliens par l'Assimisme ont des résultats très positifs sur la vie du Mali. Cela empêche les crimes et les délits politiques, économiques, sociaux, administratifs de s'installer au Mali (incivisme, gabegie, détournements des deniers publics, prévarication, anarchie, imbroglio, corruption, népotisme, tribalisme, vols, pillage, prédation…). C'est bien cela la devise nationale du Mali : un peuple (uni), un but (commun), une foi (commune). Cela est vécu par les Maliens dirigés par le colonel Assimi Goïta. C'est le système des gouvernants gouvernés par le peuple. L'ordre règne au Mali. « Le vrai pouvoir est militaire », a dit le philosophe Alain. La crainte de l'autorité militaire rend les citoyens sages, vertueux. C'est le sens original et l'intérêt de la vraie dictature dans la Rome antique. La dictature (ou tyrannie chez les Grecs), est un régime d'exception auquel le peuple romain recourt en cas du chaos socio-politique. Le peuple romain confie alors son destin et tous les pouvoirs au général en chef de capital l'armée nationale (le Dux) afin de rétablir l'ordre, de redresser la situation du pays, de ramener la paix, la sécurité et le bonheur de tous et de chacun. Une fois que l'armée a terminé ce travail, sa mission politique, elle remet le pouvoir au peuple souverain qui l'exerce par les soins de ses magistrats, les hommes en toge ou civils. Ainsi la dictature militaire est très utile, salvatrice. Elle ne s'oppose point à la démocratie. « La dictature est un produit, une fonction, une composante de la démocratie. Ces deux systèmes sont complémentaires. Ils visent le même but, l'intérêt général, le bien commun. Ils sont, dans le fond, une seule et même chose. Car dans les situations, c'est le peuple seul qui décide de son sort, de la manière dont il veut vivre, dont il préfère être gouverné » (selon le philosophe Assemien Adja François). Le peuple se gouverne soit directement (démocratie directe) soit indirectement en employant ses représentants (démocratie représentative, par délégation du pouvoir du peuple à des personnes sages et compétentes sensées bien l'exercer pour le bonheur et le salut de tous.

Le gouvernement de transition au Mali du colonel Assimi Goïta fonctionne démocratiquement. C'est de la démocratie à l'état pur. C'est de la république à l'état pur (res publica). C'est l'Etat de droit à l'état pur. C'est la démocratie populaire, directe. La voix du peuple malien est la voix de Dieu. « Vox populi maliensi vox dei » (en latin). La volonté du peuple malien est sacrée. Le colonel Assimi Goïta n'est que le plus grand serviteur du peuple malien. Il obéit absolument aux ordres, aux décisions et à la volonté du peuple souverain du Mali. Le colonel de Bamako est un instrument mis au service du peuple malien. En cela, il est très différent de tous ses prédécesseurs qui ont gouverné le Mali contre la volonté et les intérêts du peuple malien instrumentalisé. S'agissant de la géopolitique, le colonel de Bamako est opposé à la Françafrique et au pacte colonial. Là est sa très grande valeur, son très grand mérite. Le colonel malien est dans la dynamique révolutionnaire. Il est rebelle. Il refuse d'appliquer les onze accords secrets, léonins que le très criminel général De Gaulle a imposés aux moutons de présidents africains ou ses valets, ses vassaux obséquieux. Ces derniers étaient des lâches, des idiots, des non-patriotes, des traîtres envers l'Afrique et leurs pays. Ils étaient égoïstes et ennemis de l'Afrique. Ils étaient des émules et des épigones des oligarques capitalistes, prédateurs, internationaux. Ils étaient des bourreaux des peuples africains. Ils ont honteusement appliqué le pacte colonial afin de pouvoir s'éterniser au pouvoir en vivant dans l'opulence bourgeoise, insolente, insultante, méprisante. Ils se sont enrichis sauvagement, cyniquement en massacrant, génocidant, déshumanisant les peuples africains rebelles, hostiles à l'impérialisme, à l'occidentalocentrisme et à sa prédation. Ils ont préféré la facilité et l'esclavage à la lutte pour l'indépendance réelle, pour la libération, la dignité et la souveraineté de leurs peuples. Le colonel Assimi Goïta leur donne des leçons de morale, de politique, de géopolitique et de géostratégie. Telle est la grandeur incontestable et le mérite incomparable du colonel Assimi Goïta. Telle est l'exemplarité du colonel exceptionnel de Bamako. Si tous les Africains et tous les Noirs sont si fiers de lui, c'est parce qu'il est, à leurs yeux, l'incarnation et la manifestation de l'idéal moral et politique le plus élevé en cette Afrique moderne. C'est parce qu'il agit en sage, en saint, en ange. Il donne l'espoir et la confiance aux Africains qui cherchent désespérément leur sauveur, leur rédempteur, leur repère révolutionnaire pour la renaissance de l'Afrique.

9

Le Mali A-t-il Retrouvé Sa Souveraineté?

Cette question nous amène à réfléchir profondément sur la notion de souveraineté. Nous devons ainsi analyser, expliquer, définir et clarifier cette notion politique, géopolitique et géostratégique. La souveraineté relève de ce que l'on appelle le droit international public. Ce droit est un sujet problématique. Il est controversé, critiquable. Il pose plus de problèmes qu'il n'en résout. C'est une matière à polémique. Avant d'aller plus loin, commençons par définir la notion de souveraineté. Montrons sa nature et sa valeur. La souveraineté, c'est l'exercice du pouvoir politique sur une zone géographique et sur la population qui l'occupe. Un pays est dit souverain si celui-ci s'autodétermine, s'il est libre de se gouverner lui-même, s'il est indépendant, s'il n'est pas une colonie, c'est-à-dire s'il n'est pas sous la domination d'un autre pays ou d'une puissance étrangère. Un pays est souverain s'il est dans un rapport de justice et d'égalité juridique avec tous les autres pays présents dans le monde. Un pays souverain a une population permanente, un territoire déterminé, bien délimité. Il a un gouvernement qui n'est subordonné à aucun autre. Il a la capacité d'entrer en relation avec les autres Etats. Il a le pouvoir, la liberté et le droit de coopérer avec tous les autres pays de son choix, selon ses intérêts nationaux.

Le Mali d'avant Assimi Goïta était une néo- colonie française, c'est-à-dire une colonie déguisée, masquée. A l'instar de tous les autres pays francophones d'Afrique, le Mali était contrôlé, dominé, exploité par la France. Le Mali dépendait de la France. Son premier Président appelé Modibo Keïta a essayé de le décoloniser, de le rendre indépendant mais il a échoué. Il a doté le Mali d'une monnaie nationale (le franc malien), ce qui est une bonne marque d'émancipation et de souveraineté nationale. Mais, hélas, il a été très vite éliminé, écarté du pouvoir par les ennemis de l'indépendance du Mali. Depuis, le Mali croupit indignement sous le poids écrasant du néocolonialisme franco-occidental. Le Mali reçoit toujours des diktats, des ordres, de Paris. Il est pillé et occupé militairement. Des marionnettes, des valets, des vassaux de la France (des antipatriotes) ont été placés à la tête du Mali comme des chevaux de Troie, des prête-noms. Ils ont dirigé le Mali par procuration, au profit de la France qui n'accepte jamais l'indépendance véritable du Mali. Tous les Présidents qui ont succédé à Modibo Keïta ont accepté et appliqué le très cynique, comique et diabolique pacte colonial de De Gaulle ou bien ils se sont fait renverser. Et le Mali continue de subir la françafrique et le pacte colonial. Qu'est-ce qui a changé au Mali, avec l'arrivée du colonel Assimi Goïta au pouvoir, par rapport à la souveraineté, à la géopolitique, à la géoéconomie et à la géostratégie du Mali ? A vrai dire (et honnêtement parlant), le Mali est encore loin du bout du tunnel. Il a encore beaucoup à faire. Il a encore un très long chemin à parcourir pour arriver à la souveraineté lorsqu'on fait sereinement et objectivement le diagnostic de son mal tous azimuts. Le Mali du colonel Assimi Goïta s'est mis en route vers la souveraineté. Il est au début d'un long voyage mais pas à la fin. La distance qui lui reste à parcourir est semée d'embûches et de toutes sortes de danger et d'obstacle. Le travail qui lui reste à faire est très rude et complexe. Il lui faut gagner la guerre contre tous les mercenaires, tous les terroristes, tous les djihadistes, tous les impérialistes et tous les néocolonialistes. Il lui faut éradiquer tous ses envahisseurs. Le colonel de Bamako doit libérer et sauver le nord de son pays, nettoyer toutes les zones sahélo-sahariennes occupées par des prédateurs barbares. Il a certes gagné temporairement quelques batailles. C'est à sa gloire. Mais son travail continue. La guerre continue. Les ennemis du Mali et de Assimi sont très nombreux, résistants, puissants, rusés. Ils ne baissent pas les bras ni ne jettent pas les armes. Ils sont l'incarnation de tous les diables et de tous les démons. Un pays qui est enchaîné et contrôlé par la prétendue communauté internationale, par le prétendu droit international public n'est point souverain. Le Mali subit l'influence, la domination prédatrice et impérialiste de l'ONU, de l'Union Européenne, de la Banque Mondiale, du FMI, de la CEDEAO, de l'Union Africaine etc. Il est menacé par l'OTAN qui a frappé et détruit impunément la Libye, l'Irak, l'Afghanistan, le Pakistan, la Yougoslavie etc. Le monde infernal unipolaire n'est pas encore mort. Il est l'ennemi principal, mortel du Mali. Economiquement, il étrangle le Mali par sa monnaie coloniale nazie, appelée le franc des colonies françaises d'Afrique (FCFA). Le retrait de l'armée française du Mali est une belle victoire du colonel Assimi Goïta. Mais cela n'est pas suffisant pour affirmer que le Mali est déjà souverain. La population malienne n'est pas en sécurité ni en paix sur toute l'étendue du territoire malien. Sa vie n'est pas partout garantie. Des régions et des villages sont abandonnés, par crainte des exactions de toutes sortes commises contre eux par des milices, des mercenaires, des djihadistes, des terroristes et des soldats franco-occidentaux barbares, soudards, néocolonialistes, prédateurs.

Le Mali arrive maintenant à choisir librement ses partenaires militaires, commerciaux, géopolitiques. C'est une avancée très significative vers la souveraineté. Le Mali sort progressivement des griffes de la françafrique, délaisse l'application des onze accords néocolonialistes du bourreau De Gaulle. Le colonel Assimi Goïta continue inlassablement de relever des défis majeurs. Tout est à son honneur et à sa gloire. Il doit résister aux menaces, aux intimidations et aux tentations des pédo-satanistes, des mondialistes et des oligarques capitalistes. Il doit renforcer considérablement sa puissance militaire grâce à ses partenaires internationaux révolutionnaires. Que dire du droit international public par rapport à la souveraineté malienne ? Le droit international public est un instrument géopolitique (ONU), géostratégique (OTAN), géo-économique (Banque Mondiale, FMI, OMC) et géo-social (OMS, FAO), géoculturel (UNESCO). Il est au service du monde unipolaire, prédateur, impérialiste, néocolonialiste. C'est l'arme la plus redoutable de l'oligarchie criminelle, génocidaire, capitaliste international. C'est grâce à ce droit international que les oligarques mafieux, mondialistes font les guerres prédatrices, impérialistes, néocolonialistes à travers le monde, sur tous les continents. Ce droit leur permet de contrôler, de dominer, d'occuper les pays faibles (du Tiers Monde), de les déstabiliser, de les piller, de les diviser au nom de leurs théories mensongères, fallacieuses des droits de l'homme, de la démocratie. C'est leur plus beau prétexte pour agresser militairement et envahir leurs ennemis. La Libye, la Côte d'Ivoire, l'URSS, Cuba etc. en ont été victimes. Lorsque ces bourreaux, prédateurs, impérialistes veulent attaquer un pays qui leur résiste (Libye, Côte d'Ivoire…), ils l'accusent de violation massive des droits de l'homme, de dictature, de ne pas pratiquer la démocratie libérale, capitaliste (leur religion ou leur panacée). Ainsi ils se donnent la légitimité et la légalité d'action et de commettre leurs crimes, au nom de la morale, de l'humanisme et de la civilisation. Quelle ruse ! Le droit international n'est donc que leur rempart, leur bouclier, leur forteresse très commode et très efficace. Ainsi il est légitime et juste pour eux, pour protéger leurs intérêts malhonnêtement acquis. Mais il est très injuste, illégitime et nuisible pour les victimes de l'impérialisme et du néocolonialisme. Le Mali du colonel Assimi Goïta doit combattre ce droit international. Il lui faut le piétiner et lui résister. Pour être souverain, le Mali doit agir et fonctionner sous l'autorité exclusive de sa propre morale et de son propre droit public. Selon l'histoire, c'est le Mali médiéval, précolonial, qui a élaboré la charte des droits de l'homme. Cela est plagié et volé par le monde unipolaire pour nuire à l'humanité. C'est devenu finalement le droit international des bandits et des bourreaux mafieux. C'est la base juridique de leur terrorisme d'Etat. L'esclavage (la Traite négrière) est fondé sur le droit élaboré par

Colbert, c'est-à-dire le Code noir. La conférence cynique, historique, de Berlin (1884-1885) a créé la Charte de l'impérialisme qui a permis de balkaniser l'Afrique. Les Noirs en ont assez du droit positif occidental. Nous en avons marre. L'Apartheid, qui est une théorie constitutionnelle raciste, criminelle, génocidaire, est du droit positif reconnu internationalement. Quel crédit peut-on donc accorder au droit international à l'égard du Mali ? C'est un ennemi mortel contre le colonel Assimi Goïta et le Mali. Par l'application de ce droit, on cherche à déstabiliser le régime révolutionnaire de Bamako. L'ONU veut envoyer ses juges, ses enquêteurs et toute sa machine guerrière habituelle contre le Mali. A la fin, on trouvera que le colonel Assimi et ses camarades révolutionnaires sont coupables de crimes de guerre et de crimes contre l'humanité. Alors le TPI et la CPI seront utilisés pour les traquer, les enlever et les condamner. Tel est le système qui ne trompe plus personne. C'est le scenario habituel qui est appliqué aux dirigeants anti-impérialistes du Tiers-Monde. Ainsi le colonel Assimi Goïta et ses camarades bien avertis ne doivent rien céder à la prétendue communauté internationale barbare, menteuse, mafieuse, criminelle. Cela a détruit l'URSS, déstabilisé la plupart des pays africains résistant à l'impérialisme. Le colonel Assimi doit se méfier de l'ONU et de toutes ses institutions criminelles. La Banque Mondiale n'enrichit pas les pays dominés. Elle les paupérise et les maintient dans l'esclavage, la dépendance et le sous-développement chronique. Le Fonds Monétaire International joue un rôle similaire. Ces deux institutions financières internationales prennent l'économie et la vie sociale des Africains en otage. Elles paralysent et hypothèquent la destinée des pays africains. L'UNESCO ne sauve pas les Africains. Elle favorise l'aliénation psychologique et culturelle des Africains. C'est une institution impérialiste et néocolonialiste. L'OMS ne garantit pas ni n'améliore pas la santé des Africains. Elle constitue un danger mortel pour la population africaine. C'est une arme génocidaire à l'échelle planétaire. C'est un système qui fait partie du plan mondialiste des francs-maçons qui veulent réduire la population de la terre. Covid-19, vaccins stérilisants, mortifères, thérapie génique en témoignent éloquemment. L'OTAN est une armée impérialiste occidentale (Libye).

10

Assimi Goïta mène-t-il Une Lutte Exemplaire?

Qui est Assimi Goïta (qu'est-ce qu'il fait, quelle est la valeur de ce qu'il fait) ? Le moins qu'on puisse dire ici est que ce colonel qui dirige le Mali aujourd'hui est un justicier, un moralisateur, un humaniste, un patriote, un sauveur. Il veut libérer, sécuriser, pacifier, développer son pays. Le Mali est occupé militairement par les Occidentaux impérialistes, néocolonialistes qui emploient pour leur compte des terroristes, des mercenaires, des djihadistes, des rebelles. C'est contre tous ces prédateurs (mafia) et ces malfaiteurs impénitents que le colonel Assimi Goïta est en train de lutter. La question ne se pose plus de savoir s'il fait bien ou mal. Celui qui combat le mal et impose le bien, la vertu, à son pays, au risque de sa vie, est un sage, un héros, un saint. Comme soldat, citoyen loyal, patriote, le colonel Assimi a pris sa responsabilité prospective en arrachant le pouvoir de force des mains de ceux qui détruisaient le Mali, qui n'apportaient rien à leur pays, qui trahissaient le Mali. Quand un pays se trouve dans l'anarchie ou en décadence, le citoyen le plus vertueux, le plus courageux, le plus brave et le plus apte se donne pour devoir de le sauver. Celui qui le fait est un héros, un sage. La société romaine de l'antiquité le qualifie de dictateur. Les Grecs l'appellent tyran. Ce sont des titres très élogieux. La dictature militaire est un régime d'exception salutaire. Cela répond au besoin, à la nécessité du salut public. C'est le devoir régalien et sacré du Dux, c'est-à-dire du général en chef de l'armée nationale à Rome et à Athènes. Le Dux est chargé de rétablir l'ordre rompu, de combattre le désordre, l'anarchie, la violence, l'injustice, l'insécurité. Il imposait la paix, la discipline, le civisme, la vertu par la force. Il gouvernait le pays d'une main de fer. Nécessité fait loi. La dictature, œuvre des militaires, est indispensable. Ce n'était point un mal mais plutôt l'ennemi du mal. C'est le bien. Il y a eu des dictateurs, dans ce sens vertueux, en Afrique. Par exemple, Thomas Sankara, Mouammar Kadhafi, John Jerry Rawlings. Ceux-là ont très bien travaillé pour leurs pays. Ils ont sorti leurs pays du chaos créé par des antipatriotes, des ennemis de l'Afrique. Au plan politique, ils ont posé la base de la démocratie populaire ou la démocratie directe (la vraie). La Jamahiriya libyenne et le sankarisme au Burkina Faso ont fait des merveilles et des miracles en Afrique. C'était deux régimes socio-politiques, géopolitiques et géostratégiques exemplaires.

    La Libye et le Burkina Faso étaient deux pays respectés, admirés, considérés comme modèles. Le PIB de la Libye de Kadhafi était le plus élevé du monde. Les familles libyennes bénéficiaient de la gratuité des soins sanitaires. Tous les élèves et étudiants libyens étaient boursiers de l'Etat. Les foyers libyens avaient de l'eau et de l'électricité gratuites. Ils avaient des logements gratuits etc. Quel pays dans le monde fait autant ou mieux que ça ? Telle est l'exemplarité en politique de la dictature militaire. La monarchie, la république et la démocratie à l'occidentale sont sanguinaires, génocidaires, criminelles. Ce sont des régimes pervers, pédo-sataniques que les impérialistes, les oligarques prédateurs, mondialistes, eugénistes, transhumanistes, francs-maçons ont transplanté en Afrique. Et c'est au nom de ces systèmes cyniques, démoniaques que l'Occident condamne injustement et arbitrairement les pratiques socio-politiques et socio-économiques vertueuses, salvatrices, des peuples africains. C'est la raison du plus fort, du plus méchant et du prédateur. C'est la loi de l'impérialisme et du colonialisme-néo-colonialisme (le code noir, la charte de l'impérialisme, le pacte colonial, l'Apartheid). Le Livre vert (de Mouammar Kadhafi) et L'Afrocratisme contre le nouvel ordre mondial (de Assemien Adja François) offrent aux peuples africains la meilleure idéologie et la meilleure philosophie socio-politiques dont ils ont besoin. La Jamahiriya de Kadhafi a fait ses preuves et des miracles en Libye et au Burkina Faso. C'est une panacée. L'Afrocratisme qui est la forme révolutionnaire, radicale, du panafricanisme fait corps avec la Jamahiriya (Le Livre vert). Cela est à la disposition des peuples africains. On tue les penseurs, les concepteurs, les créateurs, les philosophes. Mais on ne peut tuer leurs pensées, leurs œuvres. Ces choses sont immortelles, éternelles. Elles aident toujours l'humanité. L'exemplarité d'une lutte politique en Afrique consiste dans la volonté d'appliquer les doctrines judicieuses et efficaces fournies par les penseurs, les idéologues et les philosophes africains. Seules nos pensées africaines hardies, audacieuses, adéquates, adaptées à la situation africaine permettront de libérer et de sauver l'Afrique. Elles favoriseront la révolution et la renaissance de l'Afrique.

Lisons donc nos penseurs, nos philosophes et réalisons ce qu'ils nous proposent. Kwame Nkrumah a écrit : Le Consciencisme, L'Afrique doit s'unir, Le Manuel de la révolution africaine, La Lutte des classes en Afrique, etc. Edem Kodjo: Et Demain l'Afrique. Pathé Diagne: Pouvoir politique traditionnel en Afrique occidentale. Cheikh Anta Diop : L'Unité culturelle de l'Afrique noire, Nation nègre et culture, L'Afrique noire précoloniale, Antériorité des civilisations nègres. J.M. Ela : La Plume et la pioche, L'Afrique des villages, Le Cri de l'homme africain, Quand l'Etat pénètre en brousse. Frantz Fanon : Peau noire, masques blancs, Les Damnés de la terre. Kagamé (A) : Le Code des Institutions Politiques dans le Rwanda Précolonial. Khaled (M. K.) : La Démocratie pour toujours. Ki-Zerbo (J.) : Tradition et modernisme en Afrique noire. Kodjo (S) : Problèmes de l'acculturation en Afrique. NDa (Paul) : Les Intellectuels et le pouvoir en Afrique. Nyéréré : Socialisme, démocratie et unité africaine. George Padmore : Le Panafricanisme. Albert Tévoédjrè : Pauvreté, richesse des peuples. Tiendrebeogo (Y) :

Histoire et Coutumes Royales des Mossi de Ouagadougou. Vansina (J.) : Les Anciens Royaumes de la Savane. Assemien Adja (F) : La Philosophie de l'esprit africain. Amin (S): Le Développement inégal, Le Développement du capitalisme en Côte d'Ivoire. Avec ces titres si éclairants, nous pourrons construire une Afrique digne, souveraine, prospère, puissante et rayonnante. Nous développerons l'Afrique selon la sagesse et la civilisation que nos ancêtres nous ont léguées. Nous pourrons construire une autre Afrique dans le monde multipolaire qui se dessine sous nos yeux avec de nouvelles valeurs salvatrices : liberté, indépendance, autonomie, souveraineté, dignité, droiture, justice, égalité, fraternité, harmonie, solidarité, prospérité, bonheur, puissance, paix, sécurité. Ce sera la fin de l'esclavage, de la colonisation, de la domination, de la prédation, des génocides, des barbaries perpétrées contre les peuples du Tiers-Monde, contre les peuples faibles par les puissances occidentales impérialistes. C'est notre volonté politique éclairée et notre conscience historique, politique, morale qui feront le reste. Notre devoir patriotique suprême est de provoquer la renaissance de notre continent à travers son unification politique, économique, monétaire, militaire. Il s'agit enfin de compte de créer la super puissance qu'est la fédération continentale africaine, c'est-à-dire les Royaumes Unis d'Afrique ou un immense empire africain. C'est le produit de la pensée dénommée l'Afrocratisme ou panafricanisme révolutionnaire, radical. Utopie ? Vœux pieux des idéalistes, des rêveurs irréalistes, non objectifs, fous ? Non. Nous sommes optimistes. La montée en puissance du patriotisme chez les jeunes africains panafricanistes dans tous les pays africains et dans la diaspora noire le prouve. L'unité fédérale continentale ou la mort, nous vaincrons !

CONCLUSION

Nous avons d'abord présenté le Mali avec les atouts qui ont fait sa gloire, sa grandeur, sa puissance à l'époque médiévale. Ensuite nous avons étudié sa modernité qui est problématique. L'assimisme constitue le résultat d'une longue évolution historique, c'est-à-dire le dernier maillon de la chaîne géopolitique du Mali. L'assimisme se présente comme un mode spécial de gouvernement en Afrique francophone actuelle. Nous le considérons comme une panacée. Cela veut dire que c'est la solution globale aux problèmes politiques, géopolitiques et géostratégiques de l'Afrique en proie au danger impérialiste, néocolonialiste, françafricain. Qu'est-ce que l'assimisme en vérité ? C'est l'action politique qui consiste à construire un Etat très démocratique et républicain à partir d'un coup d'Etat militaire dans une société en crise aiguë. Cela est comparable au gaullisme en France. N'en déplaise aux ennemis français du Mali et du colonel Assimi Goïta. C'est la vérité historique incontestable et indubitable. Ce n'est pas de la fiction. Le Général De Gaulle a bel et bien existé en France. Il a pris le pouvoir d'Etat par coup d'Etat, à la faveur des crises, de la guerre, qui ont ravagé son pays. Il a libéré et sauvé la France de l'occupation nazie en grand patriote inoubliable, en héros. Il a combattu et vaincu l'impérialisme allemand. Il était un brave, un dictateur qui a construit, consolidé la république et la démocratie en France. Cela l'a rendu très populaire et immortel. Le régime de

Kadhafi en Libye est du même type. En effet, le colonel de Tripoli a arraché de force le pouvoir à un monarque pour construire un Etat original, providentiel, une république, une démocratie directe, authentique pour le salut et le bonheur des Libyens. A ce titre, il est inoubliable. N'en déplaise à ses assassins. Ce fut également le cas du capitaine Thomas Sankara qui a fondé le Burkina Faso (pays des hommes intègres). « Le vrai pouvoir est militaire », a dit le philosophe Alain. Cette assertion est totalement vérifiable ici. La dictature est démocratique. Oui, très démocratique. Elle est salvatrice. John Jerry Rawlings l'a lui aussi démontré au Ghana. Adolf Hitler l'a lui également prouvé aux Allemands (Mein Kampf) en cherchant la grandeur, la puissance et la suprématie absolues de l'Allemagne sur tout le monde (patriotisme délirant et extrême). Il s'agit, fondamentalement parlant, de trouver le meilleur régime socio-politique aux Africains. Pour ce faire, analysons ici les concepts politiques majeurs. Qu'est-ce que la politique ? C'est l'art de gouverner, de gérer et d'administrer la société globale. C'est l'exercice du pouvoir d'Etat qui consiste à résoudre le problème économique (production des biens, des richesses profitables à tous) et le problème social (répartition des richesses disponibles entre les individus : emplois, santé, éducation, sécurité, bonheur…). Faire de la politique, ce n'est pas lutter pour conquérir pour soi-même et pour son ethnie, une part du pouvoir et des privilèges qui y sont attachés. C'est se soucier de réfléchir aux problèmes fondamentaux (économico-sociaux) de la société en proposant un programme précis pour les résoudre. Cela n'a pas été le cas en Afrique pendant plus de soixante ans, d'où la stagnation de l'Afrique, l'inefficacité et l'instabilité des Etats qui la composent. Le sociologue Max Weber distingue trois formes de pouvoir. Il y a le pouvoir immédiat et diffus, le pouvoir individualisé et le pouvoir légal, rationnel ou institutionnalisé. Le premier correspond aux sociétés dites primitives dans lesquelles personne ne gouverne en particulier, explicitement et officiellement la totalité sociale mais où l'ordre est maintenu par le respect dû à la coutume. La seconde forme correspond aux sociétés dans lesquelles l'autorité suprême est exercée par un individu manifestant des qualités exceptionnelles (ascendant ou charisme) fondées soit sur son origine soit sur sa fortune soit sur son caractère (forte personnalité, courage, sagesse, intelligence). L'idéalisme politique des Occidentaux lui dénie toute légalité-légitimité. Enfin, la troisième forme de pouvoir correspond aux sociétés occidentales actuelles dites républicaines, démocratiques ou Etat de droit. En pratique, ce type de pouvoir rejoint le pouvoir personnalisé et s'oppose donc au pouvoir immédiat, diffus. Il est inefficace et illégitime en ce sens que les lois juridiques, qui constituent son fondement et son essence, sont injustes, arbitraires, manipulables à souhait, égoïstes et partisanes. Provenant d'un individu ou d'un parti masqué par des slogans démagogiques, les lois (constitution) sont utilisées comme instruments, par la ruse, pour dominer et exploiter la majorité. Les lois juridiques sont toujours faites par la minorité (l'élite ou l'intelligentsia dans l'intellectocratie) contre le peuple (la paysannerie en Afrique). Le pouvoir institutionnalisé est donc macabre, cynique, machiavélique et révoltant. En Afrique, il doit être condamné. Il favorise les impérialistes, les néocolonialistes et la françafrique.

Nous lui préférons la paysanocratie (opposée à l'intellectocratie) préconisée par l'Afrocratisme. « Faut-il opter pour une forme de gouvernement ? Platon donnait la préférence à la monarchie, maîtresse d'elle-même, à l'image de la raison, faculté suprême de l'homme. Machiavel préférait la république, comme étant le plus haut degré de maturation d'un Etat, et il faisait pour cela appel à l'expérience et à l'histoire. C'est dans la République, pour lui comme pour Montesquieu, que s'affirment les grandes vertus, et c'est sur ces dernières que s'appuie l'Etat républicain. Mais là n'est pas la vraie question ; et il ne s'agit pas de préférence. Le régime qu'il faut choisir est toujours organisé par rapport à une situation donnée. Il serait dérisoire de vouloir une république là où n'existent ni justice ni égalité, là où la corruption et la licence ne connaissent pas de frein ; il serait absurde et vain de désirer la royauté dans un pays habitué à respecter la loi et la justice et à discuter de toutes les institutions : « Considérant telle dissemblance des temps et des hommes, il n'est pas d'erreur plus grande que de croire qu'à matière si dissemblable il soit possible d'imprimer forme pareille ». En d'autres termes, et pour revenir à l'image de la vie, il faut que l'organisme social soit adapté aux conditions du moment, et qu'il se modifie en rapport avec la situation historique comme avec les mœurs des peuples qu'il doit défendre. Lorsque les Etats sont corrompus, et c'est le cas de Naples et de Milan (de Florence aussi), le retour au gouvernement démocratique n'est ni possible ni souhaitable. Il convient d'abord que les citoyens forment leur éducation, contractent de bonnes habitudes, et qu'ils aient pour cela un gouvernement monarchique. Ce n'est qu'après cette préparation et cette formation qu'ils seront capables de se gouverner eux-mêmes, selon la forme républicaine. Voilà ce qu'enseigne l'histoire, que les hommes ne savent pas lire, et voilà encore ce que confirment les événements récents » (Name Emile-Machiavel, PUF, 1961, p. 76). C'est pour toutes ces raisons que nous exigeons des Africains la création de la fédération continentale sous la forme d'un gigantesque royaume ou empire. Vive la paysanocratie ou le paradigme politique authentiquement africain!

ANNEXES

Annexe 1

Politique, Etat, Démocratie

Le politologue Thierry Michalon expose les faiblesses, les contradictions et les échecs de l'Etat africain. Il en donne les raisons puis propose une solution pour le salut des Africains.

La troisième décennie d'indépendance n'a pas commencé en Afrique noire, dans des conditions très rassurantes. De la Côte d'Ivoire au Tchad s'ouvre un large éventail de situations allant d'une prospérité à la fois liée à l'extérieur et concentrée à la capitale, jusqu'à une sous-alimentation généralisée entraînant une mortalité élevée. Partout la dépendance envers les pays industriels s'est accrue, la prise et la conservation du pouvoir s'effectuent hors de tout processus électif libre, les initiatives de l'Etat se perdent dans les sables mouvants d'une administration inerte, une petite bourgeoisie de fonctionnaires et de spéculateurs prospère à la capitale alors que la situation sanitaire voire alimentaire des couches populaires stagne ou régresse.

A cette stagnation on trouve des raisons. Pour nombre de dirigeants africains la cause en réside dans les mille liens d'assujettissement néocolonial tissés jour après jour par les puissances occidentales, qu'ils vitupèrent donc bruyamment. Pour d'autres dirigeants noirs, et pour une partie de leurs homologues occidentaux, la paralysie africaine provient d'une transplantation trop imparfaite des situations et des comportements qui ont conduit l'Occident à sa puissance : il importe donc avant tout de parfaire cette transplantation, de fignoler l'imitation et le mimétisme. Enfin, pour une large part de l'opinion publique des pays industriels (et de leurs gouvernants contraints à la réserve que leur imposent leurs fonctions) l'explication réside dans l'incapacité foncière à se prendre en main de peuples que l'on méprise sans les connaître : la commisération cache mal ici des sentiments vieux comme le monde et profondément ancrés.

Aucune de ces explications ne peut être acceptée. La première parce qu'elle permet de reporter sur autrui la responsabilité de ses propres carences. La seconde parce qu'elle repose sur la conviction que l'Homme Blanc a trouvé la recette du bonheur et que l'Homme Noir, pour y accéder à son tour, n'a qu'à se transformer en Blanc. La troisième, enfin, parce qu'elle s'enracine sur le vieux fond de racisme, solide comme du béton, qui s'alimente d'orgueil et d'ignorance. Une autre voie n'a guère été explorée jusqu'ici dans les analyses des problèmes de l'Etat africain, alors qu'elle a été défrichée depuis une dizaine d'années par les réflexions faites autour du développement rural : celle qui consiste à chercher la cause de l'inefficacité des rouages de l'Etat dans leur inadaptation structurelle aux caractères de la société. Depuis quelques années déjà l'on a relevé l'échec des opérations de développement rural conçues à la capitale, voire hors d'Afrique, puis plaquées sur une paysannerie dont elles s'efforcent vainement d'obtenir le consentement et la participation. Dès lors, faire faire par les intéressés eux-mêmes de modestes projets locaux est rapidement apparu plus efficace que faire directement et à grands frais d'ambitieuses réalisations censées tirer en avant toute l'économie d'un pays ou d'une région.

Prendre conscience de ce que la culture d'un peuple ne se transforme pas en quelques années au contact d'institutions nouvelles, découvrir qu'elle constitue un bloc massif qui ne se laisse éroder que très lentement-même lorsque l'emprunt de certains modes de vie tendrait à faire illusion-, se résoudre à l'abandon des structures et des modèles occidentaux pour rechercher ce qui serait adapté à l'univers familier des populations concernées, constitue une approche neuve exigeante mais féconde, des problèmes de l'Afrique. De plus en plus répandue chez ceux qui cherchent à améliorer les conditions de vie du monde rural, cette attitude reste étrangère jusqu'à présent aux préoccupations des dirigeants. A ce niveau en effet, la reproduction au moins apparente des structures administratives transmises par le colonisateur, celle de l'Etat-nation centralisé, reste le souci majeur des équipes au pouvoir. La capitale, toute centrée sur son désir d'imiter au mieux les pratiques de la «société de consommation», n'est guère pressée de remettre en question le type d'Etat qui, précisément, justifie ses privilèges. Les ministères se ramènent pour l'essentiel à des services centraux, leurs services déconcentrés, répartis sur le territoire, demeurant généralement squelettiques et délaissés. Maintenir à tout prix ces structures importées, celles de l'Etat-nation centralisé, correspondait à une politique précise. Alors qu'en Europe la nation a précédé l'Etat, disait Léopold Senghor, chez nous l'Etat précède la nation et il va lui donner naissance. C'était donc espérer que des structures administratives et politiques «modernes» pourraient rapidement engendrer une colossale mutation culturelle, en bouleversant l'idée que l'homme se fait de la société. Plus précisément c'était l'espoir que les Africains accompliraient en quelques années les transformations culturelles qui s'étaient, en Europe, étalées sur plusieurs siècles.

Les vingt-trois années écoulées ont démontré le caractère utopique de ce projet. Rien n'est plus solide que la nature de l'homme. Et l'homme ancien, la société traditionnelle, ont résisté en grande partie aux institutions « modernes » plaquées sur eux, les ont vidées de l'intérieur, les réduisant à un simple décor de théâtre devant lequel ministres et fonctionnaires miment les gestes de leurs fonctions.

La somnolente impuissance de cet Etat-décor où tout se passe en coulisses, se maintient tant bien que mal en Afrique, avec la complicité intéressée des milieux étrangers. Quant au paysan africain, souvent conscient de l'exploitation dont il continue à faire l'objet, il se borne envers l'Etat à une forme de résistance passive, tout en consentant, avec l'aide de sa famille, d'importants sacrifices pour que l'un de ses fils fasse des études complètes. « Tu seras mon Blanc », lui répète-t-il lors de cette longue course d'obstacles. Tout le groupe familial attend de ce futur fonctionnaire à la fois un accès, même lointain et indirect, à certains privilèges et au prestige de l'administration, et une compensation psychologique aux décennies d'humiliations endurées sans mot dire.

L'Etat-nation ne se maintiendrait-il que comme machine à fabriquer des Blancs ? Il n'est pas caricatural de poser la question en ces termes, car au fond, là réside, aux yeux des masses populaires, sa seule activité positive, sa légitimité. Malheureusement la répression nécessaire au maintien d'une compétition interethnique équilibrée dans le partage des postes, ainsi qu'au maintien du pouvoir hors de toute compétition, l'emporte sur toute préoccupation d'amélioration des conditions de vie des masses. L'Etat ne peut donc guère susciter le dévouement des hommes pour une œuvre commune de développement mais, tout au contraire, leur recul et leur méfiance, la préservation de simples intérêts personnels dans le cadre des solidarités traditionnelles, ethniques. Cette attitude diffuse, informulée, de rejet d'un Etat ressenti comme étranger à la société réelle et à ses vrais besoins paraît généralisée. Mais elle revêt diverses formes. La plus répandue demeure le désengagement des agents publics, la très mauvaise qualité du service public, la méfiance des administrés. Le Tchad pour sa part, passant de cette molle torpeur au rejet violent de cet Etat fictif et à l'affrontement armé des divers groupes ethniques dont celui-ci niait les particularismes, a le premier crevé l'abcès et étalé les cartes. Il a fait table rase des structures importées fondées sur le mythe de l'homogénéité nationale. Les multiples groupes ethniques en présence ont revendiqué ouvertement-et par la violence puisqu'il a fallu en venir là-le droit de ne céder à personne le soin de gérer leurs propres affaires. La nouvelle expérience unitaire de M. Habré, souhaitée par un peuple en plein désarroi, ne pourra probablement pas démentir ces analyses.

L'unité nationale ne se décrète pas, elle se constate. Et jusqu'à ce qu'elle ait pris corps, il faut prendre son parti de son inexistence et asseoir les institutions de l'Etat sur les solidarités réelles, celles du village, de la région et de l'ethnie. (Thierry Michalon, Quel Etat pour l'Afrique).

Annexe 2

En 1984, lors de la session ordinaire de l'Assemblée Générale des Nations Unies à New York, l'immortel Thomas Sankara a fait entendre sa voix exceptionnelle, qui représente la voix de l'Afrique et du Tiers-Monde. En vrai héros de la cause noire, africaine et prolétarienne universelle, il a délivré un message fort retentissant, pénétrant et original dans lequel il fait montre d'un rare courage révolutionnaire. Ce discours ne peut manquer de séduire tous ceux qui aspirent à un monde juste, humain, libre, meilleur, multipolaire. Nous livrons ici un extrait de cet appel vibrant, lancé aux puissants du monde entier. Cela reste très actuel et moralisateur.

«Je parle au nom de ces millions d'êtres qui sont dans les ghettos parce qu'ils ont la peau noire ou qu'ils sont de culture différente et bénéficient d'un statut à peine supérieur à celui d'un animal. Je souffre au nom des Indiens massacrés, écrasés, humiliés et confinés depuis des siècles dans des réserves afin qu'ils n'espèrent à aucun droit et que leur culture ne puisse s'enrichir en convolant en noces heureuses au contact d'autres cultures, y compris celle de l'envahisseur. Je m'exclame au nom des chômeurs d'un système structurellement injuste et conjoncturellement désaxé, réduit à ne percevoir de la vie que le reflet de celle des plus nantis. Je parle au nom des femmes du monde entier, qui souffrent d'un système d'exploitation imposé par les mâles. Pour ce qui nous concerne, nous sommes prêts à accueillir toutes les suggestions du monde entier, nous permettant de parvenir à l'épanouissement total de la femme burkinabè. En retour, nous donnons en partage, à tous les pays, l'expérience positive que nous entreprenons avec des femmes désormais présentes à tous les échelons de l'appareil de l'Etat et de la vie sociale au Burkina Faso.

Je parle au nom des mères de nos pays démunis, qui voient mourir leurs enfants de paludisme ou de diarrhée, ignorant qu'il existe, pour les sauver, des moyens simples que la science des multinationales ne leur offre pas, préférant investir dans les laboratoires de cosmétiques et dans la chirurgie esthétique pour les caprices de quelques femmes ou d'hommes dont la coquetterie est menacée par les excès de calories de leurs repas trop riches et d'une régularité à vous donner, non, plutôt à nous donner, à nous autres du Sahel, le vertige. Ces moyens simples, recommandés par l'OMS et l'UNICEF, nous avons décidé de les adopter et de les populariser.

Je parle aussi au nom de l'enfant. L'enfant du pauvre, qui a faim et qui louche furtivement vers l'abondance amoncelée dans une boutique pour riches. La boutique protégée par une vitre épaisse. La vitre défendue par une grille infranchissable. Et la grille gardée par un policier casqué, ganté et armé de matraque. Ce policier, placé là par le père d'un autre enfant qui viendra se servir ou plutôt se faire servir parce que présentant toutes les garanties de représentativité et de normes capitalistiques du système. Je parle au nom des artistes (poètes, peintres, sculpteurs, musiciens, acteurs), hommes de bien qui voient leur art se prostituer pour l'alchimie des prestidigitations du show-business. Je parle au nom des journalistes qui sont réduits soit au silence, soit au mensonge pour ne pas subir les dures lois du chômage.

Nous sentons sur notre joue tout coup donné à n'importe quel homme de ce monde. Mon pays est un concentré de tous les malheurs des peuples, une synthèse douloureuse de toutes les souffrances de l'humanité, mais aussi et surtout des espérances de nos luttes. C'est pourquoi je vibre naturellement au nom des malades qui scrutent avec anxiété les horizons d'une science accaparée par les marchands de canons. Mes pensées vont à tous ceux qui sont touchés par la destruction de la nature et à ces trente millions qui vont mourir comme chaque année, abattus par la redoutable arme de la faim. Militaire, je ne peux oublier ce soldat obéissant aux ordres, le doigt sur la détente, et qui sait que la balle qui va partir ne porte que le message de la mort. Enfin, je veux m'indigner en pensant aux Palestiniens qu'une humanité inhumaine a choisi de substituer à un autre peuple, hier encore martyrisé à loisir. Je pense à ce vaillant peuple palestinien, c'est-à-dire à ces familles atomisées errant de par le monde en quête d'un asile. Courageux, déterminés, stoïques et infatigables, les Palestiniens rappellent à chaque conscience humaine la nécessité et l'obligation morale de respecter les droits d'un peuple : avec leurs frères juifs, ils sont antisionistes.

Aux côtés de mes frères soldats de l'Iran et de l'Irak, qui meurent dans une guerre fratricide et suicidaire, je veux également me sentir proche des camarades du Nicaragua dont les ports sont minés, les villes bombardées et qui, malgré tout, affrontent avec courage et lucidité leur destin. Je souffre avec tous ceux qui, en Amérique latine, souffrent de la mainmise impérialiste. Je veux être aux côtés des peuples afghan et irlandais, aux côtés des peuples de Grenade et de Timor oriental, chacun à la recherche d'un bonheur dicté par la dignité et les lois de sa culture. Je m'élève ici au nom de tous ceux qui cherchent vainement dans quel forum de ce monde ils pourront faire entendre leur voix et la faire prendre en considération, réellement. [...]

Nous voulons être les héritiers de toutes les révolutions du monde, de toutes les luttes de libération des peuples du tiers monde. Nous sommes à l'écoute des grands bouleversements qui ont transformé le monde. Nous tirons des leçons de la révolution américaine, des leçons de sa victoire contre la domination coloniale et les conséquences de cette victoire. Nous faisons nôtre l'affirmation de la doctrine de la non-ingérence des Européens dans les affaires américaines et des Américains dans les affaires européennes. Ce que Monroe clamait en 1823 («l'Amérique aux Américains»), nous le reprenons en disant «L'Afrique aux Africains». «Le Burkina aux Burkinabè». La révolution française de 1789, bouleversant les fondements de l'absolutisme, nous a enseigné les droits de l'homme alliés aux droits des peuples à la liberté. La grande révolution d'octobre 1917 a transformé le monde, permis la victoire du prolétariat, ébranlé les assises du capitalisme et rendu possibles les rêves de justice de la Commune française.

[…] Nous allons bientôt fêter le cent cinquantième anniversaire de l'émancipation des esclaves de l'Empire britannique. Ma délégation souscrit à la proposition des pays d'Antigua et de la Barbade de commémorer avec éclat cet événement qui revêt, pour les pays africains et le monde noir, une signification d'une très grande importance. Pour nous, tout ce qui pourra être fait, dit ou organisé à travers le monde au cours des cérémonies commémoratives devra mettre l'accent sur le terrible écot payé par l'Afrique et le monde noir au développement de la civilisation humaine. Ecot payé sans retour et qui explique, sans aucun doute, les raisons de la tragédie d'aujourd'hui sur notre continent.

Nous proposons également que les structures des Nations Unies soient repensées et que soit mis fin à ce scandale que constitue le droit de veto. Bien sûr, les effets pervers de son usage abusif sont atténués par la vigilance de certains de ses détenteurs. Cependant, rien ne justifie ce droit : ni la taille des pays qui le détiennent ni les richesses de ces derniers. […] Nous tenons à réaffirmer notre confiance en l'Organisation des Nations Unies. Nous lui sommes redevables du travail fourni par ses agences au Burkina Faso et de la présence de ces dernières à nos côtés dans les durs moments que nous traversons.

Reconnaître notre présence au sein du tiers monde c'est, pour paraphraser José Marti, « affirmer que nous sentons sur notre joue tout coup donné à n'importe quel homme de ce monde ». Nous avons jusqu'ici tendu l'autre joue. Les gifles ont redoublé. […] Il faut proclamer qu'il ne peut y avoir de salut pour nos peuples que si nous tournons radicalement le dos à tous les modèles que tous les charlatans, de même acabit ont essayé de nous vendre vingt ans durant. Il ne saurait y avoir pour nous de salut en dehors de ce refus-là. Pas de développement en dehors de cette rupture.

[…] La crainte qui m'habite, c'est de voir les résultats de tant d'énergies confisqués par les «prosperos» en tout genre pour en faire la baguette destinée à nous renvoyer à un monde d'esclavage maquillé au goût de notre temps. Cette crainte se justifie d'autant plus que la petite bourgeoisie africaine diplômée, sinon celle du tiers monde, soit par paresse intellectuelle, soit plus simplement parce qu'ayant goûté au mode de vie occidental, n'est pas prête à renoncer à ses privilèges. De ce fait, elle oublie que toute vraie lutte politique postule un débat théorique rigoureux, et elle refuse l'effort de réflexion pour inventer des concepts nouveaux à la hauteur du combat meurtrier qui nous attend […] En ces temps de tempêtes, nous ne pouvons laisser à nos seuls ennemis d'hier et d'aujourd'hui le monopole de la pensée, de l'imagination et de la créativité. […] Certes, nous encourageons l'aide qui nous aide à nous passer de l'aide. Mais en général, la politique d'assistance et l'aide n'ont abouti qu'à nous désorganiser, à nous asservir, et à nous déresponsabiliser dans notre espace économique, politique et culturel. Nous avons choisi de nouvelles voies pour être plus heureux. Nous avons choisi de mettre en place de nouvelles techniques. Nous avons choisi de rechercher des formes d'organisation mieux adaptées à notre civilisation, rejetant de manière abrupte et définitive toutes sortes de diktats extérieurs pour créer ainsi les conditions d'une dignité à la hauteur de nos ambitions : refuser l'état de de survie, desserrer les pressions, libérer nos campagnes d'un immobilisme médiéval ou de régression, démocratiser notre société, ouvrir les esprits sur un univers de responsabilité collective pour oser inventer l'avenir […].

Le très révolutionnaire Thomas Sankara a dénoncé les affres, le cynisme, les horreurs et la cruauté du capitalisme mondialisateur, de l'occidentalocentrisme : confiscation, exploitation, pillage, prédation de tous les biens, de toutes les richesses de la terre, massacres des peuples non occidentaux, domination des faibles, misère, maladie, famine, mort des prolétaires, contradictions antagoniques et injustices insupportables de l'ordre mondial unipolaire. Il exhorte ainsi le tiers monde à la révolution salvatrice.

Annexe 3

La Charte De L'impérialisme

La présente «charte» a été élaborée à Washington pendant la «traite négrière», ensuite discrètement négociée à la «conférence de Berlin en 1885» pendant que les puissances occidentales se partageaient l'Afrique; elle a été renégociée secrètement à Yalta au moment du partage du monde en deux blocs aprèsla deuxième guerre mondiale et pendant la création de la «Société des Nations», l'ancêtre de l' «ONU».

I. DISPOSITION GENERALE

Article 1:

De la devise : -Devise de l'impérialisme : Gouverner le monde et contrôler les richesses de la planète : Notre politique est de diviser pour mieux régner, dominer, exploiter et piller pour remplir nos banques et faire d'elles les plus puissantes du monde.

Article 2:

Aucun pays du tiers-monde ne constitue un Etat souverain et indépendant.

Article 3:

Tout pouvoir dans les pays du tiers-monde émane de nous, qui l'exerçons par la pression sur les dirigeants qui ne sont que nos marionnettes. Aucun organe du tiers-monde ne peut s'en attribuer l'exercice.

Article 4:

Tous les pays du tiers-monde sont divisibles et leurs frontières déplaçables selon notre volonté. Le respect de l'intégrité territoriale n'existe pas pour le tiers-monde.

Article 5:

Tous les dictateurs doivent mettre leurs fortunes dans nos banques pour la sécurité de nos intérêts. Cette fortune servira de dons et crédits accordés par nous comme assistance et aide au développement aux pays du tiers-monde.

II. DU REGIME POLITIQUE

Article 6:

Tout pouvoir ou gouvernement établi par nous est légal, légitime et démocratique. Mais tout autre pouvoir ou gouvernement qui n'émane pas de nous est illégal, illégitime et dictatorial, quelle que soit sa forme ou sa légitimité.

Article 7:

Tout pouvoir qui oppose la moindre résistance à nos injonctions perd par le fait même sa légalité, sa légitimité et sa crédibilité. Il doit disparaître.

III. DES TRAITES ET DES ACCORDS

Article 8:

On ne négocie pas les accords et les contrats avec les pays du tiers-monde, on leur impose ce qu'on veut et ils subissent notre volonté.

Article 9:

Tout accord conclu avec un autre pays ou une négociation sans notre aval est nul et de nul effet.

IV. DES DROITS FONDAMENTAUX

Article 10:

La où il y a nos intérêts, les pays du tiers-monde n'ont pas de droit, dans les pays du sud, nos intérêts passent avant la loi et le droit international.

Article 11:

La liberté d'expression, la liberté d'association et les droits de l'homme n'ont de sens que dans les pays où les dirigeants s'opposent à notre volonté.

Article 12:

Les peuples du tiers-monde n'ont pas d'opinion ni de droit, ils subissent notre loi et notre droit.

Article 13:

Les pays du tiers-monde n'ont ni culture ni civilisation sans se référer à la civilisation Occidentale.

Article 14:

On ne parle pas de génocide, de massacre ni des«crimes de guerre» ou des «crimes contre l'humanité» dans les pays où nos intérêts sont garantis. Même si le nombre des victimes est très importants.

V. DES FINANCES PUBLIQUES

Article 15:

Dans les pays du tiers-monde, nul n'a le droit de mettre dans leurs banques un plafond d'argent fixé par nous. Lorsque la fortune dépasse le plafond, on la dépose dans l'une de nos banques pour que les bénéfices retournent sous forme de prêts ou d'aide économique au développement en espèce ou en nature.

Article 16:

N'auront droit à l'aide précitée, les pays dont les dirigeants font preuve d'une soumission totale à nous, nos marionnettes et nos valets.

Article 17:

Notre aide doit être accompagnée des recommandations fortes de nature à empêcher et briser toute action de développement des pays du tiers-monde.

VI. DES TRAITES MILITAIRES

Article 18 :

Nos armées doivent être toujours plus fortes et plus puissantes que les armées des pays du tiers-monde. La limitation et l'interdiction d'arme de destruction massive ne nous concerne pas, mais les autres.

Article 19:

Nos armées doivent s'entraider et s'unir dans la guerre contre l'armée d'un pays faible pour afficher notre suprématie et se faire craindre par les pays du tiers-monde.

Article 20:

Toute intervention militaire a pour objectif de protéger nos intérêts et ceux de nos valets.

Article 21:

Toute opération d'évacuation des ressortissants des pays occidentaux cache notre mission réelle, celle de protéger nos intérêts et ceux de nos valets.

VII. ACCORDS INTERNATIONAUX

Article 22:

L'ONU est notre instrument, nous devons l'utiliser contre nos ennemis et les pays du tiers-monde pour protéger nos intérêts.

Article 23:

Notre objectif est de déstabiliser et détruire les régimes qui nous sont hostiles et installer nos marionnettes sous la protection de nos militaires sous la couverture des mandats des forces de l' « ONU ».

Article 24:

Les résolutions de l' « ONU » sont des textes qui nous donnent le droit et les moyens de frapper, de tuer et de détruire les pays dont les dirigeants et les peuples qui refusent de se soumettre à nos injonctions sous la couverture des résolutions du Conseil de Sécurité de l' « ONU ».

Article 25:

Notre devoir est de maintenir l'Afrique et d'autres pays du monde dans le sous-développement, la misère, la division, les guerres, le chaos pour bien les dominer, les exploiter et les piller à travers les « Missions » des « Nations Unies ».

Article 26:

Notre règle d'or est la liquidation physique des leaders et dirigeants nationalistes du tiers-monde.

Article 27:

Les lois, les résolutions, les cours et tribunaux des « Nations -Unies » sont nos instruments de pressions contre les dirigeants et les leaders des pays qui défendent les intérêts de leurs peuples.

Article 28:

Les dirigeants des puissances occidentales ne peuvent être poursuivis, arrêtés, ni incarcérés par les cours et les tribunaux de « l' ONU », même s'ils commettent des « crimes de guerre », des « génocides ou des crimes contre l'humanité ». (Présenté par le musée de Tervuren, Belgique).

RÉSUMÉ DU LIVRE

Ce livre retrace l'histoire glorieuse du Mali dont l'aboutissement est le phénomène extraordinaire que nous appelons Assimisme. Il s'agit de l'ensemble des actes politiques, géopolitiques, géostratégiques, géo-économiques et géoculturels du colonel Assimi Goïta.

BIOGRAPHIE DE L'AUTEUR

François Adja Assemien est né le 15 mars 1954 en Côte d'Ivoire. Il a étudié les lettres classiques (latin et grec), les sciences humaines et la philosophie. Diplômé en philosophie (Doctorat d'Etat), et en sociologie (Licence), il s'est consacré à l'enseignement de la philosophie à l'université, à l'écriture et à la recherche académique. Il parle et écrit trois langues vivantes que sont le français, l'anglais et l'allemand. Il est auteur de plusieurs ouvrages publiés en Europe et en Amérique et de plusieurs concepts. Il est également artiste musicien, compositeur, chanteur, guitariste et animateur d'une radio communautaire

www.ingramcontent.com/pod-product-compliance
Ingram Content Group UK Ltd.
Pitfield, Milton Keynes, MK11 3LW, UK
UKHW041955230426
12048UKWH00008B/360